PREMIER ETABLISSEMENT
DE LA FOY
DANS LA
NOUVELLE FRANCE,

CONTENANT LA PUBLICATION de l'Evangile, l'Histoire des Colonies Françoises, & les fameuses découvertes depuis le Fleuve de Saint Laurent, la Loüisiane & le Fleuve Colbert jusqu'au Golphe Mexique, achevées sous la conduite de feu Monsieur de la Salle.

PAR ORDRE DU ROY.

AVEC LES VICTOIRES remportées en Canada par les armes de SA MAJESTE' sur les Anglois & les Iroquois en 1690.

Dedié à Monsieur le Comte DE FRONTENAC, *Gouverneur & Lieutenant General de la Nouvelle France.*

Par le Pere CHRESTIEN LE CLERCQ, *Missionnaire Recollet de la Province de Saint Antoine de Pade en Arthois, Gardien des Recollets de Lens.*

TOME SECOND.

A PARIS,
Chez AMABLE AUROY, ruë Saint Jacques, attenant la Fontaine S. Severin, à l'Image Saint Jerôme.

───────────

M. DC. XCI.
Avec Privilege du Roy.

PREMIER ETABLISSEMENT DE LA FOY DANS LA NOUVELLE FRANCE.

CHAPITRE I.

Progrez de l'Eglise de Canada dans la Colonie Françoise jusques à l'année 1663.

APRES ce que nous avons éclaircis dans le Chapitre precedent touchant les foibles progrez de l'Eglise parmy les nations Sauvages, jufques en 1660, & 63, il s'enfuit que nous ne devons rechercher, & que nous ne trouverons les progrez de l'Eglife veritable, & folide durant la prefente Epoque, que dans la Colonie Françoife.

Il eft vray qu'à proprement parler, c'eft plûtoft une Eglife tranfplantée, qui change de lieu, de Region, & de climat qu'une Eglife nouvellement établie, puifque la Colonie n'eft compofée que d'Europeans François, & de familles déja Chreftiennes, & Catholiques, qui fortant de leur païs natal, vont former des peuplades dans une terre étrangere, y profeffer la Religion de leurs peres, & en exercer le culte dans un nouveau monde; de même que la Religion des Ifraëlites, n'eftoit ny nouvelle, ny differente pour avoir esté transferée dans les autres endroits du monde. De là vient que l'Eglise ayant commencé de paroistre en Canada avec la Colonie en 1615, nous n'aurions qu'à faire passer en reveuë, & à recevoir chaque année les habitans François qui vont successivement de l'ancienne France, s'établir dans la Nouvelle depuis 1632, & cela suffiroit pour mettre au jour les progrez d'une Eglise qui ne reçoit ses accroissemens, qu'à mesure qu'on y fait passer un plus grand nombre de familles déja Chrétiennes; mais ce seroit m'écarter de mon sujet, & entrer plûtost dans une histoire naturelle & politique de la Colonie, qui ne fait à proprement parler qu'une extension de l'Eglise Gallicane à laquelle elle est attachée. On peut ajoûter que durant l'Epoque où nous sommes, la Colonie ne s'estoit pas beaucoup accruë, ne se trouvant qu'environ deux mille cinq cens ames tout au plus répanduës dans ces vastes païs.

On peut donc se representer une idée de la dispersion qui se fit des familles dans les premiers siecles du monde, ou dans les premieres années aprés le déluge : à mesure que les enfans d'Adam & de Noë se multiplioient, il se formoit peu à peu de petits cantons, qui s'accrurent en Villages, les Villages en Bourgs & ceux cy en Villes nombreuses : comme ces premiers habitans du monde se partagerent les uns à la culture des terres, & les autres aux arts mechaniques plusieurs à la navigation, ou au commerce, ceux cy à l'administration de la Justice, ceux-là au culte des Autels, quelques-uns aux armes pour la defense de la patrie contre les ennemis communs.

C'est ainsi que les premiers habitans de la Colonie Françoise établis durant ma premiere Epoque, fortifiez du secours des nouvelles familles, qu'on faisoit passer successivement en Canada depuis 1632, se partagent, & se répandent peu à peu dans le païs pour accroistre la Colonie sur les fondemens qu'on avoit jetté dés l'année 1615. Quebec en fut comme le centre : d'où l'on voit que dés l'année 33, on a rétabli les habitations, & Forts du Cap-tourment & de Tadoussac qu'on reprit en 34. celles des trois rivieres, en 35. avec les Forts du grand & petit Richelieu. On poussa même en 36, jusqu'au Mont-Royal, comme à la teste des habitations Françoises qui couvroient d'un côté la Colonie contre les incursions des Sauvages : les uns reparent les anciennes demeures, & les autres en établissent de nouvelles au Nord & Sud, en remontant le Fleuve depuis la Baye Saint Paul jusqu'au Mont-Royal : durant cette deuxieme Epoque de 30. ans; Quebec même, le Mont-Royal, & les trois Rivieres, n'estoient que des Villages tres-mediocres, & toutes ces belles côtes de soixante & dix lieuës de païs habitées sur le Fleuve à droite & à gauche, qui sont aujourd'huy desertez, cultivez, & peuplez de Seigneuries & de Villages comme nos côtes de France commençoient alors à estre habituées sous des tentes & des pavillons, qui se changerent en habitations separées, que l'on a successivement formées en Villages, & en Bourgs.

Les premiers habitans du monde eurent besoin d'une protection particuliere pour la deffense reciproque de leur vie; elle estoit accordée aux enfans de Dieu, & nous lisons qu'il la donnoit même à Caïn, comme une espece de charme divin qui le mettoit à l'épreuve des atteintes de ses ennemis: nos Colonies ont eu besoin d'une pareille faveur, sur tout durant les 30. années dont je traite icy, la Colonie estant encore pour ainsi dire dans son berceau: avant l'arrivée des Anglois; elle donnoit moins de jalousie; mais à mesure qu'elle croît, & se fortifie en nombre d'habitans, les nations barbares en prennent ombrage, & malgré les alliances qu'on renoüoit de tous côtez, il falloit continuellement soûtenir contre les incursions des Iroquois. Les Forts de Quebec, de Richelieu, des trois Rivieres, & de Mont-Royal, estoient encore foibles, quoique munis de Canons; & Messieurs de la Compagnie fournissans peu de soldats, les habitans estoient obligez de se tenir armez pour leur propre defense, les Laboureurs n'osant sortir pour cultiver leurs champs, si les plus aguerris n'estoient en garde aux avenuës, pour les mettre en seureté.

Le Canada a eu de tout temps l'avantage d'estre gouverné par des personnes d'une naissance & d'un merite distingué, depuis

M. de Champlain, auquel succeda en 36. M. de Mont-Magny Chevalier de Malthe, & M. de l'Isle sous luy, aussi Chevalier de Malthe: ils gouvernoient le païs en qualité de Lieutenans Generaux pour Sa Majesté, destinoient des Commandans amoubiles dans les Forts & habitations principales du païs : quoiqu'ils ayent tous esté bien qualifiez, on remarque qu'à l'exception de deux ou trois, sous lesquels on gouvernoit le païs, les autres qui ont voulu se signaler en droiture, en équité, en fidelité & en zele pour l'avancement du bien commun, (qualitez alors fort incompatibles avec les intentions, & les interests de plusieurs) ont eu le malheur de soûtenir de continuelles persecutions de la part de ceux mêmes, qui devoient le plus contribuer à soûtenir leurs bonnes intentions.

Tel est le genie naturel des François, sur tout dans les païs étrangers, hors de la portée des loix, de vivre dans un mouvement & une agitation perpetuelle, de travailler peu à leur propre repos, & aux veritables interests communs, de vouloir dominer reciproquement les uns sur les autres, de sacrifier au bien particulier, celuy de la nation, & trop impatiens des gains, & des profits, de vouloir recüeillir presque aussi-tost qu'ils ont semez. Je tireray icy le voile par discretion sur les applications qu'on en pourroit faire au Canada. La simplicité, la droiture, le desinteressement, l'amour de l'union, & de la concorde qui regnoient dans les premiers temps, se changez bientoſt à l'égard de pluſieurs en des qualitez toutes contraires, & comme la diviſion & la partialité ne tarderent pas à ſe gliſſer dans les premieres Colonies du monde, & commençoient entre Abel & Caïn, leurs familles & leurs deſcendans; de même ce genie dominant n'a pas moins traverſé la naiſſance & les progrez ſpirituels, temporels, & politiques de la Colonie Canadiene.

On a rendu toutefois en ce point une grande injuſtice au Canada, dont il ſemble qu'on commence à revenir, de croire que la Colonie ne s'eſt formée que de perſonnes de neant de debauchez, de libertins, de filles deshonorées, de gens repris de juſtice, ou tout au plus de ſujets, & de familles pouſſées dans ces nouveaux païs par une disgrace & une decadence de fortune. J'avouë que ce seroit flater de dire que durant l'Epoque que nous parcourons auſſi bien que dans la precedente, il ſe ſoit habitué en Canada des perſonnes de naiſſance, à l'exception de quelques uns qui ſont reconnus pour bons Gentilshommes, & à qui le païs ſera éternellement redevable; comme Meſſieurs de Tilly, de Repentigny, de la Poterie, Denis Daillibourt, Robineau de Becancour, & Chaſteau neuf, mais auſſi on doit reconnoiſtre que les autres chefs de famille qui ont paſſez en Canada, eſtoient en France, de bons Bourgeois de Ville mediocrement accommodez, ou des artiſans de diferens metiers, des Laboureurs peu aiſez, ou des ſoldats, mais tous honneſtes gens de leurs perſonnes ; ayant de la probité, de la droiture, & de la Religion ; & quand bien même la diſgrace de la fortune, à l'égard d'un petit nombre auroit contribué à leur éloignement; ils ne laiſſoient pas d'être gens d'honneur dans leur état & dans leur condition : l'on ſçait même, que quantité de chefs ſont paſſez en Canada à deſſein de contribuer à la converſion des Sauvages ; témoins la Compagnie de Meſſieurs de Mont Royal, ſous la direction du Seminaire de ſaint Sulpice.

Je ſçai, que du côté de France on y a ſouvent fait paſſer des perſonnes ſuſpectes parmi quantité de gens d'honneur : mais on doit cette juſtice aux Gouverneurs & aux Missionnaires du païs de n'y avoir rien souffert d'impur, de libertin, ou de mal reglé : l'on a examiné & choisi les habitans & renvoyé en France les marchandises de contrebande, & les personnes vitieuses ou marquées, aussi tost qu'on les à connues, & s'il en est resté de l'un & l'autre sexe, qui n'auroient pas esté en France toutà-fait exempts de reproche ; on a remarqué que le passage de la Mer les avoit purifiez, qu'ils effaçoient glorieusement par leur penitence, les taches de leur premiere conduite, leur chute n'ayant servi qu'à les rendre plus sages,& plus precautionnez, en sorte qu'elles sont devenuës, & ont esté les exemples & les modeles de la Colonie.

J'avois peine, à comprendre ce que me disoit un jour un grand homme d'esprit sur le point de mon départ pour le Canada, où il avoit fait sejour & rétabli les Missions des Recollets (c'est le Reverendissime Pere Germain Allart, depuis Evesque de Vences) que je serois surpris d'y trouver d'aussi honnestes gens, que j'en trouverois ; qu'il ne connoissoit pas de Province du Royaume où il y eut à proportion & communement plus de fond d'esprit, de penetration, de politesse, de luxe même dans les ajustemens, un peu d'ambition, desir de paroistre, de courage, d'intrepidité, de liberalité, & de genie pour les grandes choses ; il nous asseuroit que nous y trouverions même un langage plus poli, une énonciation nette & pure, une prononciation sans accent.

J'avois peine à concevoir qu'une peuplade formée de personnes de toutes les Provinces de France, de mœurs, de nation, de condition, d'interest, de genie si differents, & d'une maniere de vie, coûtumes, éducation si contraires fut aussi accomplie qu'on me la representoit; je sçai qu'on est principalement redevable aux personnes qui s'y sont habituées depuis 63, mais il est vray que lorsque je fus sur les lieux, je connus qu'on ne m'avoit rien flaté; la Nouvelle France estant en cela plus heureuse que les païs nouvellement établis dans les autres Plages du monde : il y a eu jusques là peu de forme de justice établie dans le païs, le Conseil de Quebec suffisoit

suffisoit pour une aussi petite Colonie, celle des trois rivieres, & de Mont-Royal n'ayant pris ses commencemens, que dans la suite des années.

On juge assez que les arts se multiplierent, & s'y étendirent à mesure que l'on faisoit passer les ouvriers de France, & les gens de toute sorte de mestiers, si bien que l'on peut aisement voir, que quoique je n'aye fait, que toucher le plan & l'état de la Colonie durant les années ausquelles je me suis restraint, je n'ay pas laissé d'en donner une idée suffisante à mon sujet; reservant à une histoire naturelle du païs, ce que l'on pourroit dire à l'avantage de quantité de chefs de familles, qui ont esté comme les fondateurs, & les Patriarches de la Colonie, où ils vivent encore, quelques-uns en perfonne, & tous dans leur nombreufe pofterité.

Il me refte donc de conduire, ou d'établir au païs; les Communautez Ecclefiaftiques, & Religieufes de l'un, & de l'autre fexe, qui par d'heureux accroiffemens y font encore aujourd'huy la plus chere & la plus illuftre portion, les pierres angulaires & fondamentales de l'Eglife Canadienne.

Cette vigne du Seigneur a efté principalement cultivée depuis 1632. jufqu'en 58. par le zele & les travaux des Reverends Peres Jefuites, qui ont adminiftré le fpirituel durant 26. années, tant aux François comme aux Nations Sauvages; c'eft à leur foins, & aux frais communs des Colons, mais principalement aux gratifications du Roy, qu'on doit la conftruction de la premiere Eglise Paroissiale de Quebec, où ces Reverends Peres exercerent leurs fonctions Curiales, durant tous ces temps avec plenitude de puissance : l'on ne trouve qu'une intervalle de deux ans pendant lesquelles Monsieur l'Abbé de Quelus autant illustre par sa pieté, sa doctrine & son grand zele, que par sa naissance, exerça l'office de Curé à Quebec, & de grand Vicaire de Monsieur l'Archevesque de Roüen, par toute la nouvelle France, avec beaucoup de fruit, & d'édification : mais il ne pût soûtenir plus long-temps contre les mauvais offices, qu'on luy rendoit de tous costez, & en France & en Canada : il fut rappellé d'authorité, retourna l'année suivante par les Navires Pescheurs comme Ecclesiastique particulier; & un des associez d'une Compagnie devote, dont nous parlerons, n'exerçant plus les fonctions qu'au Mont-Royal.

Nous avons dit dans les Chapitres precedents que les Peres Jesuites avoient établis leur principale demeure, & Seigneurie où ils avoient transporté le nom de nôtre Convent, sous le titre de Nostre-Dame des Anges, mais l'endroit où est encore aujourd'huy le fort sur l'éminence d'un Promontoir au bord du Fleuve de saint Laurent, ayant esté jugé propre pour y établir la Capitale du païs, ils y choisirent un terrain avantageux, où l'on jetta les fondemens de l'Eglise magnifique, & de cette grande maison qui s'y est bâtie peu-à-peu: c'est dans cette maison, où où ils ont transferé leur sejour habituel; elle sert de Seminaire où se forment les Missionnaires de la Compagnie, que l'on distribuë par tout le Canada, & en mesme temps de College, pour un petit nombre d'Ecoliers qui pourra augmenter à mesure, que la Colonie croistra en sujets; Les Canadiens, étant pleins d'esprit & de feu, de capacité & d'inclination pour les arts, quoi qu'on se pique peu de leur inspirer l'application aux Lettres, à moins qu'on ne les destine à l'Eglise.

On ne peut assez loüer les soins que ces Reverends Peres ont pris pour l'avancement spirituel & temporel de la Colonie; leur sollicitude Pastorale à surveiller au troupeau de Jesus-Christ qui estoit commis à leur conduite, à éclairer par tout les fautes des particuliers, à prévenir, à corriger, à exhorter, à secourir les habitans, en santé, en maladie, à la mort; à les suivre par tout dans les dangers & dans les perils, comme des veritables Pasteurs.

L'on doit même aux applications de leur zele d'avoir purgé, le Canada de quelques heretiques, qui s'y glissoient au commencement, & qui auroient voulu s'y établir; leur credit ayant obtenu de la Cour, à cet effet tous les reglemens necessaires.

L'on sçait les avantages que les Congregations de la sainte Vierge établies dans leur maison, produit par tout le monde Chrétien; Ils voulurent bien dés les premieres années, les étendre jusqu'au Canada, où elles n'ont pas produit moins de fruit, que par tout ailleurs; les personnes de tout estat, un peu regulieres s'estant piquez d'honneur ou de grace d'y estre associez.

Aussi Dieu a-t-il donné les benedictions de sa grace à leur zele dans ces premiers temps, au delà de ce que l'on pouvoit esperer, d'une Eglise ramassée de personnes de païs si differens; En sorte qu'on a eu cette consolation de voir que les uns par droiture naturelle, d'autres par l'esperance & les promesses, ceux-là par la crainte de l'authorité, ceux-cy par les bons principes d'une heureuse éducation, plusieurs par maxime de foy, & de Religion se sont rendus exacts au devoirs du Christianisme; ou du moins en ont affecté les dehors. D'ailleurs, comme durant ces temps que la Colonie estoit si peu nombreuse & si dispersée, les habitans se voyoient exposez sans cesse aux incursions des Sauvages; tous les jours en perils de la vie; leur bien enlevé, les enfans conduits en captivité; cette continuelle agitation ne contribuoit pas peu, à les retenir en regle, & à les rendre assidus aux exercices de Religion qu'on leur inspiroit, en sorte qu'à l'exception des vices de l'esprit; l'on trouveroit peu de païs Chrétien où il se pratiqua une pieté plus reguliere, laissant à Dieu de juger, si elle étoit animée du veritable esprit de Religion.

C'est tout ce que l'on en peut dire, pour ne rien outrer sur cette matiere par des fictions vaines & chimeriques de faits controuvez, & ne pas abuser de la facile croyance, que l'on don-

ne à certaines relations, des
païs éloignez, car il semble aujourd'huy, que pour plaire au
Lecteur, on soit obligé de recourir à des faits extraordinaires, & à des avantures qui surprennent, à des exagerations
étudiées, telles que nous en remarquons en plusieurs endroits
de l'histoire de Maffé, sur les découvertes des Indes Orientales:
qui croira par exemple, ce qu'il
rapporte de la bravoure d'un
Portugais, qui n'ayant plus
de plomb pour tirer sur l'ennemi s'arracha toutes les dents,
afin d'en charger son mousquet.
L'on pardonne à de pareilles
rodomontades, & à de semblables fictions, quand elles s'attachent à un sujet prophane,
mais elles ne sont pas tolerables dans un sujet sacré, elles
affoiblissent plutost la croyance

des traits veritables de l'Histoire : Quand on entend canoniser des personnes d'une pieté commune, produire des visions, des apparitions, des revelations, des ravissemens, & des extases; Les operations extraordinaires de l'esprit de Dieu, des miracles & des prodiges : Quand on voit des Processions de trois quarts de lieuë sur la glace, sur la neige, nuds pieds & nuds testes en plein Hiver, que l'on ne pourroit pas faire vingt pas sans se glacer; Les Soldats & les Artisans, prendre de trente disciplines; Ces jeûnes, ces aumônes, ces Oraisons, ces ferveurs, ces saintes folies qui ne se virent jamais en Canada: Placer sept Diables dans la dent d'une fille pour faire paroistre sa sainteté, Par ce grand nombre d'ennemis que pensera-t-on de ces quatre diables qui secoüent la ville de Quebec par les quatre coins, & quantité d'autres choses extraordinaires, dont les Livres sont remplis, l'on veut bien que dans tout cela, je sacrifie la complaisance à la verité & à la fidelité de l'Historien.

Les grands progrés de la Nouvelle Eglise Historique de Canada parmi les Sauvages, & les apparences d'une ample moisson, faisoit bruit en France dés les premieres années, que le Roy fut rentré en possession du païs, & il y avoit peu de personnes de pieté, qui n'en fussent touchées de devotion & qui n'entrassent dans les sentimens d'un saint zele, d'y contribuer de leur bien ou de leurs personnes.

Deux Dames de qualité se distinguerent entre les autres, dés l'année 1637. & 38. Ces deux personnes furent Madame la Duchesse d'Eguillon, & Madame de la Pelleterie; celle-cy fit le projet de passer elle même en Canada, pour y travailler en personne dans les bois à la conversion des femmes Sauvages, croyant bonnement que les sujets y estoient autant disposez, qu'on luy disoit, & afin d'y concourir plus efficacement, par une multiplication d'ouvrieres Evangeliques; elle resolut d'employer une partie de ses biens, à fonder un Monastere de Dames Ursulines à Quebec.

Madame la Duchesse d'Eguillon brûlante du mesme zele, & voulant procurer la sanctification des ames, par le soulagement corporel de ces barbares dans leurs maladies, se proposa d'y faire l'établissement des

Dames Hospitalieres.

Les Reverends Peres Jesuites entendirent volontiers à ces deux projets se faisant mesme un plaisir de grace, d'associer ces deux Instituts à leurs fonctions Apostoliques, comme les Diaconesses de cette Eglise naissante, nous commencerons par les Ursulines.

Madame de la Pelleterie de Chavigny, qui en fut la Fondatrice, estoit native d'Alençon d'une des plus considerables maisons de la Provence, autrefois mariée à Monsieur de la Pelleterie, Gentilhomme de la Maison de Tournoy, dont elle eût une fille qui deceda peu de jours aprés son baptême: Le Pere suivit bien-tost la fille, la veuve se voyant dégagée de ses liens, resolut de ne s'attacher uniquement qu'à plaire au Seigneur ; comme elle eſtoit du Tiers-Ordre de ſaint François, elle fut auſſi animée d'un zele Seraphique de contribüer au ſalut des ames, cependant une maladie mortelle, qui luy arriva quelque temps après, luy fit croire que Dieu ſe contentoit de ſa bonne volonté, elle fut reduite à l'agonie, revétüe d'un habit de Religieuſe de ſaint François, dans lequel elle vouloit mourir : mais enfin Dieu par un coup de providence, ayant tiré cette Dame du peril : rétablie en ſanté ; elle conſentit pour complaire & obéïr à ſon pere à un ſecond mariage avec Monſieur de Bernieres, Treſorier de France de la Generalité de Caën, qui vivoit en grande odeur de vertu, à condition, dont elle convint avec ſon époux futur de garder le vœu de chasteté, qu'elle avoit fait, & d'executer le dessein qu'elle avoit conçeu de passer en Canada: Ce mariage cependant ne se fit pas, à cause que son pere qui la sollicitoit puissamment à l'accomplir, estant mort elle se vit dégagée de toutes ses poursuites, & Monsieur de Bernieres fut son Ange Tutelaire, qui luy facilita les moyens de son entreprise: Delà est venuë, l'étroite liaison de l'Eglise de Canada avec ces Messieurs de Caën, qui luy ont donné un premier Evesque, dans la personne de Monseigneur de Laval, & ses trois premiers grands Vicaires: Messieurs de Bernieres, neveux de celuy dont j'ay parlé, Angot de Mezeray, & Monsieur du Doüy.

Les Reverends Peres Jesuites en eurent toute la confidence, & dés lors fervirent de mobile à l'execution d'un si pieux dessein. Il est dit qu'une Religieuse Ursuline de Tours, personne d'esprit, & d'experience, d'une grace & d'une vertu distinguée, avoit conçeu depuis l'année 1635. un desir ardent de passer en Canada pour y travailler à la conversion de cette Barbarie; C'est la Mere Marie Guiart, dite de l'Incarnation, Religieuse aux Ursulines de Tours, préparée par des impressions extraordinaires à l'Apostolat de ces Nations Sauvages; Le Seigneur ayant voulu par une espece d'infusion Prophetique, luy découvrir ces amples moissons qu'il destinoit à son zele, & les conversions nombreuses qu'il opereroit par son moyen: le Reverend Pere Poncet Jesuite indiqua cette Religieuse à Madame de la Pelleterie, qui fit elle-mesme le voyage de Tours, en la compagnie de Monsieur de Bernieres; l'on y concerta les moyens d'executer l'entreprise; l'on obtint les pouvoirs de Monsieur l'Archevesque son Superieur, & enfin la Mere Marie de l'Incarnation, à qui l'on donna pour Compagne la Mere de saint Bernard, qui depuis fut nommée de Saint Joseph, partit de Tours le 22. Fevrier 1639 : Cette bienheureuse troupe composée de ces deux Dames Ursulines de Monsieur de Bernieres, & de Madame la Pelleterie arriva à Paris; où aprés quelque sejour l'on poussa jusqu'à Dieppe, pour y preparer l'embarquement ; ce fut là, que les Dames Ursulines de la mesme Ville, accorderent à la Mere Marie de l'Incarnation, la Mere Cecile de sainte Croix, pour luy servir de Compagne avec la Mere de saint Joseph.

Madame la Duchesse d'Eguillon, avoit toûjours aimé le Canada, par devotion & par zele : nos Peres mesmes, dés les premiers temps avoient receus de grands secours de la pieté de cette Dame, qui s'interessoit beaucoup, pour favoriser leur retour : elle continuoit d'y envoyer des secours & des charitez, contribuant ainsi qu'il étoit en elle, à l'établissement du Royaume de Jesus-Christ dans ce nouveau monde : elle voulut encore estre la Fondatrice de la Maison des Hospitalieres, de l'Hospital que l'on meditoit d'y établir.

Le Monastere de Dieppe étoit désja destiné depuis deux ans,

& preparoit des sujets pour en jetter les fondemens; La Mere Marie Guenet de saint Ignace, la Mere Anne de S. Bernard, & la Mere Marie Foretier dite de saint Bonaventure, furent choisies entre les autres pour cette entreprise de charité; On les munit des papiers, contracts de Fondation, des Obediences, & des Ordres de Monseigneur l'Archevesque de Roüen; Le Canada étant alors de sa jurisdiction & direction spirituelle.

L'embarquement estant preparé, & la Flote preste à lever l'Anchre le quatriesme de May de l'année susdite 1639. Madame de la Pelleterie avec ces deux troupes Seraphiques de trois Ursulines & trois Hospitalieres s'embarquerent dans le Navire de Monsieur Corton, sous la direction du Reverend

Pere Vimon Jesuite.

La Flote qui portoit ces nouvelles semences du zele & de l'esprit Apostolique pour l'établissement & la propagation d'un nouveau monde Chrétien dans le Canada, arriva heureusement à Quebec, le premier jour du mois d'Aoust de l'année presente.

On peut juger de la joye publique avec laquelle cette petite Colonie, qui n'usoit encore que d'un tres petit nombre d'habitans, reçeut ce nouveau secours : Aprés le debarquement & le *Te Deum* chanté au bruit du Canon du Fort, & des Vaisseaux ; Madame de la Pelleterie, & les Ursulines furent conduites à la Maison qui leur étoit preparée, où elles ont demeuré trois ans, jusqu'à ce que leur Monastere étant achevé à

l'endroit

l'endroit mesme où il est encore aujourd'huy, elles y allerent loger le 21. Novembre 1641.

Durant ces temps elles receurent de nouveaux secours de France, par l'arrivée d'un nombre de Religieuses tant de la Congregation de Paris, que de celles de Tours; Ces deux Congregations étant de differentes formes d'habits: & de Constitutions auroient causez peut-estre dans les sentimens & dans les dispositions des particuliers, quelque prejudice à leur union commune; Si la Sagesse des Reverends Peres Jesuites, & les menagemens de la Mere Marie de l'Incarnation, leur Superieure, n'eussent trouvé les temperamens necessaires pour les accorder : La Congregation de Tours, avoit esté fondée par une sainte fille de saint

François, qui leur en avoit laiſſé le Cordon, & quelque forme d'habit & des Conſtitutions particulieres: L'on ſçait que celles de Paris outre les Conſtitutions differentes, font un quatriéme vœu d'inſtruire les enfans, que celle de Tours ne font pas; Il fut arreſté, que pour établir l'uniformité en Canada, les Urſulines de Paris prendroient l'habit de celle de Tours, & que celles-cy recevroient le vœu de celles de Paris, ce qui s'eſt toûjours maintenu juſqu'en 1680. qu'elles ſe réunirent toutes ſous l'habit & les Conſtitutions de Paris, changeant en noir, tout ce qu'elles avoient de gris, & prenant la ceinture de cuir, en la place du cordon de ſaint François.

Elles ont toûjours continué, de donner leurs charitables instructions à la jeunesse, à mesure que la Colonie croissoit en nombre : Elles donnerent aussi leurs soins & leurs applications, comme elles font encore à l'instruction des filles Sauvagesses Pensionnaires, qu'elles y reçoivent successivement : Les places y sont fondées: l'on en augmente le nombre, lorsque la devotion des personnes de pieté, leur en donne les moyens.

Il est vray que Madame de la Pelleterie, aussi bien que les Religieuses, en partant de France, n'avoient pas l'intention de borner les travaux de leur zele dans les limites de ce Monastere : Elles comptoient de l'étendre dans les bois parmi les Nations Barbares. Madame de la Pelleterie embrazée de ces divines ardeurs, monta à ce dessein jusqu'au Mont-Royal, dans les années suivantes; mais enfin on luy fit connoître, qu'elle devoit adorer les desseins de Dieu sur ces Peuples, se conformer à ses dispositions, & qu'il se contentoit de sa bonne volonté, l'heure de la grace n'estant pas encore venuë pour ces Barbares, ny la moisson en estat : Elle eût besoin de toute sa vertu; Nos Peres luy ont entendu assurer sur la fin de ses jours, que rien ne luy avoit esté plus sensible; mais enfin il falut se restreindre au Monastere de Quebec, & vivre en esperance de plus amples desseins de sa pieté, lorsqu'il plairoit à Dieu d'y donner sa benediction.

Il faut reconnoître, que si cet établissement n'a pas eû de plus heureux effets, pour la conversion des Sauvages ; il a produit de tres-grands biens au païs, pour la fantification de la Colonie qui fournit même des sujets biens qualifiez à ce Monastere, en sorte qu'elles n'ont plus besoin de secours de France. Il pleut à Dieu de les visiter, par une premiere incendie de leur Convent, sur la fin de l'année 1650. lorsque la maison étoit dans sa perfection; mais elle fut depuis reparée par les soins de la Mere Marie de l'Incarnation; Dieu ayant voulu éprouver doublement sa grande vertu, & le courage heroïque de cette sainte Religieuse.

Je reviens aux Dames Hospitalieres, que nous avons conduites à Quebec: Elles furent placées d'abord à Syllery à une lieuë du Fort, où les RR. PP. Jesuites y avoient désja commencé un Village de Sauvages, par les aumônes & Fondations de Monsieur le Commandeur de Sillery, dont le merite & la pieté sont assez connus: Elles y demeurerent deux ans, exerçant tous les offices de charité, particulierement envers les Sauvages, mais comme des filles estoient trop exposées dans un lieu champestre, on les transfera à Quebec: Elles reçeurent de nouveaux sujets de France; La Mere Jeanne de sainte Marie, & la Mere Catherine de saint Joseph en 1640. Les Meres Marie de saint Joachim, Marie de sainte Genevieve en 43. La Mere Catherine de sainte Agnés, & Marie de la Conception en 54. Enfin aprés plusieurs changemens de demeure à Quebec, elles ont esté placées, & se sont fixées dans l'endroit mesme où elles sont aujourd'huy, avec toutes les commoditez & les agréemens, que l'on peut souhaiter pour un Monastere Regulier, & pour le soulagement des malades. L'on ne peut assez loüer les applications de leur charitable zele, dans l'exercice de leurs fonctions, envers les François & les Sauvages Neophites, de deux Villages qui sont établis aux environs de Quebec : leur confiance en la Providence, passe au delà de tout ce qu'on peut exprimer, n'épargnant rien même de leur propre fond & revenu, se privant d'une partie de leur necessaire pour fournir à l'assistance des malades, il seroit difficile de trouver en aucun endroit du monde, une maison de charité mieux reglée, & où on exerce les Offices de charité avec plus de zele & d'édification.

Si les Missions du Canada ont eû jusqu'à present, si peu de succez pour la conversion de ce nouveau monde; On peut dire que Dieu, pour justifier sa conduite dans la condamnation de ces Barbares, n'a rien oublié pour les attirer à la connoissance de la verité & qu'il n'y a pas eû de nations infideles, à qui la Providence ait destinée des secours exterieurs plus salutaires & plus efficaces pour y parvenir, afin de rendre ces peuples tout-à-fait inexcusables.

Il y avoit long-temps que Dieu inspiroit en France, plusieurs Communautez Ecclesiastiques & Religieuses, de concourir à ce grand œuvre, par le sacrifice de leurs travaux & de leurs personnes; mais comme elles trouvoient differens obstacles dans leur chemin, leur bonne ne volonté en demeuroit au simple desir.

La Communauté de saint Sulpice, fut en cela plus heureuse, que les autres : Monsieur l'Abbé Olier en conçeut le premier dessein, & en formoit le projet depuis long-temps ; Ce saint homme, ne crut pas que ce fut assez pour son zele de travailler à la sanctification de l'ancienne France, par la reformation du Clergé, & l'établissement du Seminaire de saint Sulpice; qui a esté depuis le chef de tant d'autres, s'il n'en étendoit encore les effets jusqu'au nouveau monde, & dans la nouvelle France pour la conversion de cette Barbarie.

On peut dire, que de tous les projets qu'on a faits pour ce noble dessein, il n'y en a point eû de plus desinteressé, de plus solide, ny de mieux concerté que celuy-cy.

L'Isle du Mont-Royal est située environ deux cens lieuës en remontant le Fleuve de S. Laurens; environnée d'un costé par le grand Fleuve, & de l'autre par la Riviere des Prairies: ces deux Rivieres se joignant ensemble, forment comme deux lacs aux deux bouts de l'Isle, qui peut avoir environ 20. lieuës de circuit; comme elle est à la teste du païs, elle en fait la principale defense, d'autant plus, que toutes les Nations du Septentrion, & du midy, de l'Orient & de l'Occident, y trouvent un facile accés par le moyen des rivieres qui y aboutissent.

Je m'imagine voir dans la personne de Monsieur Ollier, un Apostre saint Paul, qui prend en main la carte de ce nouveau monde, pour en faire la Conqueste, & le soumettre à l'Empire de JESUS-CHRIST : Dieu ayant inspiré la même ferveur à quantité d'autres personnes de qualité, singulierement à Messieurs de Quelus, Abbé de Laudieu, & Chevrier Prestre, tous deux du Seminaire de saint Sulpice ; Monsieur Garibard Maistre des Requestes, & President au Grand Conseil; Monsieur de Barillon, de Morangis Conseiller d'Estat, du Plessis Baron de Montbart aussi Conseiller du Roy, de Roüart Escuyer, de Renti, de la Marguerie. Daillibout, de Maisonneuve Gentilhomme Champenois, & plusieurs autres personnes de condition, au nombre de trente ou trente cinq, entre lesquelles étoit Mademoiselle Manse, s'y estant particulierement distinguée, par le sacrifice de ses travaux, & enfin de sa propre vie.

Toutes ces personnes s'unirent ensemble par un lien de grace & d'esprit pour contribuer de leur bien à la Promotion de ce grand Ouvrage, faisant estat d'establir des Seminaires dans l'Isle, pour l'instruction des Sauvages, un Hostel-Dieu pour le secours des malades, des Maisons & des Hôpitaux, pour y loger les Sauvages qui se presenteroient, défricher les terres pour leur nourriture, d'entretenir des Missionnaires, en un mot d'employer tous les moyens possibles pour y gagner à Dieu ces Nations ; Ces devots associez conspirant à cette bonne œuvre avec tant de concert & d'union, qu'ils ne se traitoient que de freres & de Sœurs.

Il ne fut pas difficile d'obtenir

du Roy, & de Messieurs de la Compagnie du Commerce les donations & concessions, de tout le terrain de l'Isle, pour appartenir en Seigneurie proprieté & à perpetuité à cette Compagnie devote.

Cette sainte societé avoit dés ja envoyé l'année 1640. le port de 20. tonneaux en vivres, & autres choses necessaires pour preparer l'établissement: Monsieur de Maison-neuve, y estoit passé l'année suivante avec 40, hommes, pour reconnoistre les lieux & disposer l'habitation: Ceux de cette sainte Compagnie, qui se trouvoient à Paris sur la fin de Fevrier 1642. s'assemblerent dans l'Eglise de Nôtre-Dame de Paris, où dans la celebration des Divins mysteres, ils consacrerent l'Isle de Mont-Royal à la sainte famille, JESUS, MARIE, JOSEPH, sous la protection speciale & titre de la sainte Vierge.

L'on prépara un nouvel embarquement, où entr'autres choses, ces devots associez envoyerent tous les ornemens d'Eglise, Chasubles, Vases sacrez, Tabernacles, & tout ce que l'on pouvoit souhaitter, pour la decoration des Autels: l'on y fit passer des nouveaux ouvriers, habitans & Laboureurs : le tout aux frais de ces Messieurs: Monsieur de Maison-neuve y fut destiné premier Gouverneur, dont les Lettres & les pouvoirs luy furent adressez.

Enfin le 17. May de l'année 1642 Monsieur de Montmagny Gouverneur general du païs, estant monté au Mont-Royal en compagnie des principaux habitans; le sieur de Maison-neuve fut mis en possession de l'Isle dans toutes les formes, & au 15. d'Aoust suivant, fut solemnisé la Dedicace de l'Isle, consacrée à la sainte Vierge sous le titre de son Assomption glorieuse.

Quoi que ces Messieurs n'épargnassent rien, pour l'avancement de leur ouvrage, que Messieurs de Maison-neuve, & Mademoiselle Manse pressoient avec beaucoup de soin, cependant il falut du temps, pour se mettre en estat de défense contre les incursions des Sauvages, durant lesquelles & les années suivantes, on ne peut exprimer combien il falut soutenir de travaux, d'incommoditez & de perils que les Reverends Peres Jesuites partagerent également, l'espace de 3. à 4. années, qu'ils eurent le soin du spirituel; Meſſieurs les aſſociez leur ayant accordez à cet effet, un emplacement de deux arpens de front, comme aux autres Habitans

Monſieur & Madame Daillibout, y paſſerent de France, pour y payer de leurs perſonnes dans les premieres années: l'habitation croiſſant en nombre juſques à prés de cent habitans, ou ouvriers de differentes nations, qui neanmoins travailloient d'une merveilleuſe intelligence, à l'établiſſement de cette ſainte Colonie, & à la mettre en ſeureté contre les attaques des Barbares, enfin aprés cinq années de ſejour au païs, Meſſieurs les aſſociez ajoûterent un article à leur traité & convention de n'accorder aucune conceſſion à main morte, dans l'Iſle de Mont-Royal, ſi bien que Monsieur de Maison-neuve, y conduisit des Prestres de saint Sulpice, pour l'Administration du Spirituel; Monsieur l'Abbé de Quelus voulut bien luy-même y consacrer en personne, les applications de son zele.

On peut icy reconnoître l'inutilité de nos entreprises, quelques bien-intentionnées qu'elles soient, & conduites par toutes les regles de la sagesse pour procurer la conversion des ames, lorsque les pechez des peuples, les rendent indignes de ces graces. L'entreprise de Mont-Royal, paroissoit establië sur des lumieres, & des mesures parfaitement éclairées & solides cependant, ces dépenses prodigieuses, les travaux & les applications de tant de personnes d'un merite distingué, & d'une vertu à l'épreuve de tout, n'eurent aucun effet pour la conversion des Barbares, sinon d'un petit nombre de batisés, sur lequel on ne pouvoit faire aucun fond; Dieu ne laissant pas de tenir un conte fidel à ces Messieurs, de leur bonne volonté, & du merite de leur service; mais enfin persuadé de l'inutilité de leurs efforts, & de leurs grandes dépenses; ils résolurent de disposer Messieurs de saint Sulpice, à prendre eux seuls la Seigneurie, la propriété, & la conduite de l'Isle de Mont-Royal pour le temporel & pour le Spirituel: Quoique la resolution en fut prise en l'année 1657. toutefois elle ne s'executera dans les formes qu'en 1663.

Jusques-là, Messieurs de saint Sulpice, y avoient fourni des ouvriers Evangeliques, mais ce n'estoit que par maniere de Mission passagere, & non pas de Seminaire fixe, & d'établissement aresté.

Nous avons dit dans la premiere Epoque, comme le Pere Joseph le Caron Recolet de Paris, a esté le veritable Apôtre du païs, sur lequel avoit roulé la conduite spirituelle de la Mission depuis l'année 1615. jusqu'à 1629. & comme il estoit mort dans les desirs & les empressemens d'une sainte ardeur, pour y retourner: cet homme Apostolique avoit allumé, le feu du mesme zele dans sa famille; Monsieur Soüart son neveu, fils de Madame sa sœur ayant quitté la Cour, & les esperances d'une fortune avantageuse, qui estoit désja fort avancée, s'estoit donné à l'Eglise, & attaché particulierement au

Seminaire de saint Sulpice, dans le dessein de travailler efficacement à la conqueste des ames: cette mesme charité luy inspiroit particulierement le desir de suivre les traces de son oncle, & d'aller reprendre son ouvrage en Canada, pour la conversion des Nations Sauvages: la Providence accomplit ses desirs la presente année, on luy donna pour associé Monsieur l'Abbé de Quelus, Monsieur d'Alignier & Monsieur Dalet, tous quatre du Seminaire de saint Sulpice, qui s'embarquerent à Nantes le 17. May 1657. Les grands avantages de cette Mission seront mis au jour dans la suite.

L'on avoit bien fait le projet d'establir un Hôpital dans l'Isle, mais il n'avoit encore pris aucune forme: Les personnes devotes y suppléoient par charité, estant aidées des secours qu'on recevoit de France : l'on en doit à ces Messieurs l'établissement regulier, qui commença l'année susdite.

Madame de Bullion donna 20000. écus pour la Fondation des lits des pauvres, & 20000. livres pour l'entretien des Religieuses : Les Hospitalieres d'Anjou furent destinez pour en jetter les fondemens ; Ce n'estoit alors que des filles Seculieres qui faisoient des vœux simples : Leur Congregation qui a esté depuis establië en ordre regulier, n'ayant pas encore reçeu la Confirmation de Rome ; Elles passerent donc en 57. en mesme temps, que les Missionnaires de saint Sulpice. Les commencemens en furent heureux : Elles reçeurent mesmes de nouveaux sujets de France les années suivantes & durant la vie de Madame de Bullion, elles ont soutenu ses desseins avec beaucoup de succès pour le soulagement des François & des Sauvages: L'on péut dire mesme, que quoi que par la suite elles ayent perdu plus de trois quarts de leur fondation, & de celle de l'Hôpital, Dieu y a suppleé par une multiplication secrette de sa Providence, & l'on remarque encore aujourd'huy, que n'ayant quasi plus aucun fond, la dépense des malades ne laisse pas de monter tous les ans à huit ou dix milles livres.

Comme il estoit encore à souhaitter qu'il y eust une maison establie au Mont Royal pour l'éducation & l'instruction des Filles Françoises & Sauvages, Dieu inspira une sainte fille de passer de France en Canada, pour en jetter les fondemens : Ce fut la nommée Sœur Bourgeois, que nous avons connuë pleine de l'esprit de Dieu, de sagesse & d'experience, d'une constance invincible à tous les obstacles qu'elle a trouvez à son dessein ; cette fille s'estant associée en France à deux autres, qui conspiroient au mesme dessein, sous la direction de Messieurs de saint Sulpice, arriva en Canada en 1659. où elle a donné le commencement de l'établissement des Filles de la Congregation, qui y servent encore aujourd'huy à Mont-Royal, & qui y produisent de grands fruits, tiennent les Ecoles pour les Françoises externes, entretiennent des Pensonnaires que l'on y éleve, non seulement à la pieté, mais encore aux petites Manufactures de leur sexe, l'on y forme des Maîtresses d'Ecoles pour les Villages du Canada, & d'autres qui sont employées aux Villages des Sauvages pour l'instruction de leurs Filles ; Cette maison qui a dêsja brûlé deux fois ne laisse pas de se soûtenir, quoi quelle n'ait d'autres fondations qu'une benediction continuelle de la Providence, la grande foy, & la vertu de ces bonnes filles.

Quoi que l'Eglise de Canada fut encore tres mediocre en nombre de sujets en 1657 Cependant, comme il y avoit lieu d'esperer qu'elle augmenteroit avec le temps ; il estoit necessaire d'y pourvoir d'un chef sur les lieux, d'un Pere commun & d'un Pasteur pour luy donner toute sa forme.

La

La Providence y deſtinoit Monſieur Pavillon de Montigny, iſſu de la noble & ancienne maiſon de Laval, lequel ayant renoncé à ſon droit d'aineſſe, s'eſtoit donné à l'Egliſe & attaché particulierement à celle d'Evreux, en qualité d'Archidiacre. Ce grand homme autant connu par la regularité de ſa vie exemplaire, par la capacité & l'experience de ſon zele que par ſa naiſſance illuſtre, fut conſacré Eveſque de Petrée, & nommé Vicaire Apoſtolique de Canada, où il paſſa l'année ſuivante : L'on ne peut aſſez loüer les applications de ſes ſoins, la ſollicitude Paſtorale, la prudence & la ſageſſe avec laquelle ce digne Prelat, a travaillé à l'établiſſement de cette petite Egliſe, dont il a eſté depuis le premier Eveſque Titulaire : il

F

commença d'abord à pourvoir aux Paroisses-naissantes, & à distribuer dans les costes principales, des Ecclesiastiques devots & zelez ; Mais comme tout le succez dependoit des Ministres, qui devoient travailler sous ses ordres; il établit un Seminaire à Quebec, qui n'eût d'abord que de petits commencemens, mais qui s'est depuis notablement augmenté en nombre de sujets, en science en doctrine, en ferveur, en vertu, en fonds & en édifice, par la liberalité du Roy, par les soins & les applications de Mondit Seigneur Evesque, qui en est le principal Fondateur.

CHAPITRE XVIII.

Le Roy réünit le pais à son domaine, les grands avantages que sa protection Royale, procure à l'Eglise, à la Colonie, & aux Nations Sauvages.

L'Eglise de la Nouvelle France, bien loin de faire des progrez, ne pouvoit pas long temps se soutenir, si une main plus puissante que celle de Messieurs de la Compagnie, n'estoit venuë au secours dans l'extremité, où le Canada se trouvoit reduit en 1663.

Les Iroquois aprés avoir défait & presque entierement détruit nos alliez, desoloient nos habitations; l'on n'estoit pas même en seureté à Quebec, n'étant pas possible de resister à l'ennemi, qui nous menaçoit d'une ruine entiere, Le chemin estoit fermé aux Missionnaires, pour aller prescher l'Evangile; les Barbares en ayant déja fait perir un grand nombre, durant cette guerre & la precedente: La Colonie bien loin d'augmenter, commençoit à diminuer; Les uns revenoient en France, d'autres estoient pris, & tuez par les Sauvages; plusieurs mouroient de misere; l'on avançoit peu le défrichement & la culture des terres, & il falloit tout attendre de la France: l'ordre de la Police & de la justice si necessaire pour l'établissement de l'Eglise, n'avoit quasi pris aucune forme: il falloit de plus puissans secours aux Ministres de l'Evangile, pour n'estre pas obligez, à se soûtenir par des voyes contraires à leur Institut. Quoique la Colonie fust si peu nombreuse, la division regnoit toûjours de plus en plus parmi les habitans; le commerce (unique resource du païs) y étoit entierement ruiné.

Jusques là, le Roy ne s'estoit reservé que l'authorité souveraine ayant cedé le domaine & la proprieté, Seigneurie & commerce de la Nouvelle France, à Messieurs de la Compagnie, à condition d'en acquiter toutes les charges à leur frais : L'on ne doute pas, que ces Messieurs n'eussent de bonnes intentions; l'on sçait même que la plûpart ne s'y estoient engagez que par un zele de Religion, ils avoient fait de grands efforts dans les premieres années, mais enfin fatiguez de tant de dépenses inutiles & sans retour, ils avoient abandonné depuis 20. ans, le commerce aux habitans du païs sous certaines conditions ; ceux-cy s'y estoient ruinez par plusieurs raisons, qui ne sont pas de mon sujet : estant engagé par ses grands emprunts, de plus de deux cens mille livres, & quoi que l'on eust établi à cet effet le dix pour cent, sur toutes les Marchandises : ils s'abîmoient tous les jours de plus en plus, bien loin d'estre en estat de soutenir & de s'avancer.

Digne objet de la pieté du Roy, lequel aprés avoir donné la paix à l'Europe par le traité des Pirenées : rétabli l'ordre, & la felicité dans le Royaume; commencé à détruire l'Heresie qui est aujourd'huy entierement aneantie, obtenu de Dieu un succeſſeur à ſa Couronne, dans la perſonne de Monſeigneur le Dauphin, voulut tourner les applications de ſon zele du coſté de la Nouvelle France, que ſa Majeſté réünit à ſon domaine, ſe chargea des debtes du païs, de pourvoir à tous les frais de l'Egliſe, de la Juſtice & de la guerre, établit une Compagnie pour la ſeule direction du commerce ſous une méme main, qui a eſté depuis ſi avantageuſe aux Habitans: veritable pere & ſauveur du Canada. Ce grand Prince s'en reſerva tous les ſoins & à ſon Conſeil par principe de Religion, bien plus dans la vûë d'en faire un empire Chrétien, que d'étendre les bornes d'un Royaume temporel.

Entre tous les effets de protection que sa bonté fit ressentir durant la presente Epoque: Le plus avantageux fut le puissant secours qu'il y envoya de Ministres éclairez & intelligens, & d'Officiers capables de donner la forme à ce païs naissant, des sommes considerables tirées de ses Finances, n'épargnant rien pour l'établissement de cette Colonie, des troupes bien agueries, afin de repousser les ennemis, & soutenir les Habitans.

Monsieur le Marquis de Tracy, aprés avoir rétably les affaires à Cayenne, & dans les Isles de l'Amerique de la domination du Roy, eut ordre de passer en Canada, pour y rendre les mêmes services en qualité de Gouverneur General de l'Amerique Septentrionale & Meridionale, il y passa en 65. & arriva à Quebec, les derniers nier jour de Juin.

Environ le même temps, une Flote de 7. Vaisseaux que le Roy avoit fait équiper à la Rochelle, parut à la rade debarqua Monsieur de Courcelles qui venoit Lieutenant General pour le Roy en la Nouvelle France, & Monsieur Talon Secretaire du Cabinet, revestu du caractere & des pouvoirs de premier Intendant de Justice, Police & Finances ; Monsieur de Salieres Colonel du Regiment de Carignan, avec 20. Compagnies complettes du même Regiment, qui avoient servi contre les Turcs en Hongrie; outre plus deux Vaisseaux de charge, qui apportoient avec nombre d'habitans, des chevaux, autres bestiaux, & toutes les choses necessaires pour établir un païs nouveau.

Il y avoit 50. ans que le Canada soûpiroit aprés un pareil secours, Messieurs de Tracy, & de Courcelles, & Monsieur l'Intendant avec les troupes, se mirent en même temps en campagne peu de jours aprés le débarquement.

Jusque là les habitans avoient crû beaucoup faire de se tenir sur la deffensive, mais avec un renfort si puissant, on fût en état d'attaquer les ennemis; trois Forts furent bâtis avant les neiges. à quarante, cinquante & soixante lieuës de Quebec, le premier à l'entrée de la riviere des Iroquois fut le Lac de Chambly, du nom de celuy qui en eût le Commandement: le second dix-sept lieuës plus haut au pied d'un Sault, qu'on nomma de saint Loüis sous le commandement de Monsieur de Sorel : le troisiéme, où Monsieur de Salieres fut posté à trois lieuës plus haut, nommé le Fort de sainte Anne d'où l'on peut aller sans rapide au Lac de Champlain qui a 60. lieuës de longueur, & lequel aboutit au païs des Agniets, premiere Nation des Iroquois.

Des entreprises si hardies commencerent à jetter la frayeur dans les terres des ennemis mais beaucoup plus les marches, que l'on fit durant l'Hiver jusque dans leur païs, au travers des neiges, des glaces & des Lacs, où ils furent batus, leurs cabanes détruites, & leurs provisions enlevées par nos Troupes, en sorte que ces Barbares ayant reçeu depuis en d'autres rencontres differens échets ils furent contraints de demander la paix qu'on voulut bien leur accorder, ils la donnerent eux-mêmes aux Nations qui nous étoient alliez ; *Toto novo orbe, in pace composito.*

Pendant que Dieu donnoit ces benedictions aux armes du Roy, Monsieur l'Intendant donnoit ses applications à l'établissement & au bien universel du païs, qui changea bien-tost de face par la sagesse d'un Ministre aussi penetrant, aussi experimenté, autant zelé pour le service de Dieu & du Roy, que Monsieur Talon l'a toûjours esté, aussi bien que Messieurs ses freres dans les Intendances, & autres emplois de distinction.

La Colonie, qui n'estoit encore qu'une poignée d'habitans épars çà & là en differens cantons, fut notablement accruë par le nombre d'officiers &

de foldats, qui voulurent bien y prendre parti après que les troupes eurent efté congediées, & qui formerent plus de trois cens familles nouvelles, Le Roy accordant cinquante livres à chaque Soldat, avec les vivres d'une année, cinquante écus aux Sergens, & aux Officiers à proportion; L'on partagea 60. lieuës de païs en remontant fur le Fleuve, fur les Lacs, rivieres, & dans la profondeur; Les terres furent érigées en Seigneuries en faveur des Capitaines & Officiers, chaque Seigneur accordant dans fon diftrict, les habitations aux Soldats, & à d'autres particuliers, qui paffoient de France, en forte qu'en peu d'années le défrichement & la culture des terres, s'étant avancée notablement, l'on fut en état de fournir à la subsistance des habitans ; le grand nombre de filles que le Roy envoya les années suivantes, trouverent des établissemens formez, & furent avantageusement pourveuës selon leur condition.

L'on a vû que la Justice n'avoit rien encore de fixe & de reglé : le Roy fit établir par tout les justices subalternes royales seigneuriales, & un Conseil superieur & souverain erigé par lettres Patentes à Quebec, composé de President Doyen, & Conseillers jugeant en dernier ressort de toutes les causes par appel, selon les loix du Royaume.

Monsieur l'intendant s'appliqua à donner par tout quelque forme de Police à la maniere de France, l'etablissement des manufactures de toile, de cuirs, de souliers, de chapeaux, de dentelles, & autres. Ceux de la potasse & de la brasserie, les édifices publics en plusieurs endroits du païs, furent les effets de ses soins, aussi bien que la construction des Navires & des barques, le rétablissement des Traitez avec les Nations Sauvages, la liberté du commerce pour les habitans, les reglemens, & le bel ordre de la Ferme du Roy, attiroient les negocians de France.

Le nombre d'ouvriers de tous métiers augmentoit insensiblement par le moyen de ceux que le Roy envoyoit chaque année au secours des habitans: le païs se peuploit de même de chevaux, & de bestiaux domestiques de toutes sortes.

La Colonie prenoit ainsi une face toute nouvelle par les faveurs continuelles que le Roy y répandoit, & par les applications de Monsieur de Courcelles, & de Monsieur Talon: mais le principal avantage fût le rétablissement des Missions parmy les Nations Sauvages, & les nouveaux progrez de l'Eglise dans la Colonie qui font le sujet de mon Histoire.

Le Roy n'oubliant rien de ce qui dépendoit de sa pieté, pour contribuer à l'établissement du Royaume de Dieu dans le Canada; attacha de forts appointemens aux deux Seminaires, & à toutes les Communautez Religieuses de l'un & de l'autre sexe, outre la concession des meilleures terres & fonds du païs, pour leur donner moyen de s'acquiter de leurs fonctions, à l'édification spirituelle de la Colonie, &

des Nations Sauvages.

Le Seminaire de Quebec prenoit sa forme insensiblement, il fût augmenté d'Ecclesiastiques, & de Prestres, partie du païs, & partie venus de France, en sorte que la Colonie croissant à veuë, Monsieur l'Evêque de Petrée en eût assez pour distribuer aux principaux Villages du païs par maniere de Mission, les Curez fixez, n'estant pas encore établis, non plus que l'Evêché titulaire, quoique Monsieur de Petrée fût déja nommé & designé du Roy, premier Evêque de Quebec.

Le Seminaire de Messieurs de Saint Sulpice à Mont-Royal sous la conduite de Monsieur Soüart, estant posté à la teste du païs & des habitations, avoit le plus souffert durant les années de guerre, & soûtenu avec beaucoup de courage les incursions frequentes des Iroquois sans se rebuter ; il se fortifioit même en nombre d'Ecclesiastiques qualifiez, pleins de capacité & de zele, qui contribuoient de leurs personnes & de leurs biens à l'accroissement de la gloire de Dieu. L'on trouve qu'en 1663, Messieurs de la Compagnie devote de Mont-Royal leurs associez voulant seconder le zele desdits sieurs du Seminaire, leur abandonnerent par contract de donation, pure, simple, & irrevocable, en datte du neuviéme de Mars, tout leur Domaine, Seigneuries, fonds, Metairies, terres, & autres droits sur l'Isle du Mont-Real, pour en joüir en proprieté dudit Seminaire, & à perpetuité.

Toute l'authorité spirituelle & temporelle de l'Isle, se trouva réünie dans une Communauté, ces Messieurs s'en sont servi utilement pour y avancer le bien d'une maniere parfaitement desinteressée : l'on auroit peine de croire, comme je l'ay sçeu de personnes dignes de Foi, jusques à quelles sommes se montent les fortes contributions du commun, & des particuliers du Seminaire pour ce bon œuvre ; l'on doit à leurs soins les progrez de Ville-Marie, du Domaine de cinq Villages formez qui sont dans l'Isle, & de plusieurs autres qui commencent à naistre, mais principalement du bel ordre de l'Eglise, distribué en six Paroisses principales de François, que ces Messieurs desservent avec beaucoup d'édification, & de fruit.

Poussez du zele de la conversion des Barbares, & voulant éprouver à leur tour, si l'on pouvoit y faire quelque progrés, ils entreprirent à la faveur de la paix en 1668, une Mission considerable chez les Nations Iroquoises qui habitent le Nord du Lac de Frontenac ; l'on peut dire qu'ils y ont prodiguez leurs personnes leurs travaux, & leurs biens ; mais connoissans par une experience de douze années, qu'ils travailloient inutilemēt (l'heure n'estant pas venuë) ils furent obligez d'abandonner ces Missions, pour s'appliquer uniquement à un nombre de familles Huronnes & Iroquoises que l'on attiroit peu à peu dans l'Isle, & qui forment aujour-

d'huy un Village de Chref-
tiens à un quart de lieuë de Ville Marie.

Les Missions des Iroquois qui
avoient esté interrompuës durant tant d'années, à raison de
la guerre, commencerent cette
année & la precedente à se
rétablir. Les Reverends Peres
Jesuites se partageans aux cinq
grandes Nations par autant de
Missions fixes, pour y reprendre leurs travaux Apostoliques;
le Pere Pierron aux Agniers,
le Pere Carhiel aux Oion-
goüens, le Pere Garnier aux
Onnontaguetz, le Pere Bruyas
aux Onnejouts, le Pere Fre-
min aux Sonnontrüans: il n'est
pas facile des s'imaginer combien ces bons Peres furent touchez de ne plus trouver aucune
marque de Christianisme parmy ces Nations barbares lo

peu de Chrestiens formez Iroquois & Hurons, s'estant refugiez dans le païs François prés de Quebec & de Mont-Royal.

Les Missions des Outaoüacs estoient continuellement traversées durant le temps de la guerre; mais le chemin libre y fût ouvert à la faveur de la paix, particulierement aprés que Monsieur Talon depuis son retour de France, députa au nom du Roy des Ambassades celebres auprés de cinquante Nations Sauvages, déja connuës & frequentées, ausquelles on fit de grands presens, pour y faciliter l'entrée des Missionnaires, & favoriser les effets de leur zele dans les travaux Apostoliques.

Comme les Traites de Tadoussac, & des terres du Nord

au bas du Fleuve eſtoient particulierement attachez à la Ferme du Roy, ſous la direction de la nouvelle Compagnie. Meſſieurs les aſſociez ſecondoient parfaitement les bonnes intentions des Reverends Peres Jeſuites dans tout leur diſtrict, comprenant differentes Nations Sauvages, & toûjours errantes dont il a eſté ſouvent parlé.

Si les fruits de ces Miſſions répondoient alors à tout ceque les relations nous en diſent; il y eſt arrivé de grands changemens depuis : l'on n'en doit pas moins eſtimer le merite des travaux infatigables des Miſſionnaires qui ſuivoient hyver & eſté les Sauvages juſqu'à la Mer du Nord; enfin toutes les Miſſions auroient tout promis, ſi le ſuccés & la converſion des Barbares avoient dépendu du zele & des applications des Ministres de la parole de Dieu.

CHAPITRE XIX.

Les Recollets de Paris retournent en Canada par Ordre du Roy. Monsieur de Frontenac y est envoyé Gouverneur. Son arrivée & ses heureux commencemens.

IL y avoit prés de trente ans que l'on se plaignoit en Canada de la génne des consciences, à mesure que la Colonie augmentoit, les clameurs des habitans se multiplioient, & se faisoient entendre avec plus de force. Je veus croire que l'on n'y
donnoit

donnoit pas d'occasion, & que la grande exactitude des Ministres estoit utile & necessaire. Le François aime la liberté : il est ennemi de la contrainte jusques dans sa Religion, en quelque endroit qu'il se rencontre : l'on a vû avec combien d'instance réïterée les Canadiens avoient demandé des Recollets depuis le rétablissement de la Colonie, plus on y mettoit d'obstacles, plus on augmentoit leur soupçon & l'empressement qu'ils avoient de nous y revoir.

Messieurs de la Compagnie en avoient esté bien instruits, comme il a esté dit dans les Chapitres precedents ; mais depuis que Sa Majesté eût réüni le païs à son Domaine, ce grand Prince à la connoissance du quel rien n'a jamais échappé, dont la penetration, la sagesse, & la vigilance s'est toûjours appliquée jusques au moindre détail des dispositions de son Royaume, pour le conduire par luy-même, bien informé par ses Ministres du grand desir de ses sujets de la Nouvelle France, pour le retour de nos Peres de Paris dans leur ancienne Mission, & qu'il estoit expedient pour la gloire de Dieu, pour le bien de la Colonie, & pour son service ordonna au Reverend Pere Germain Allart, alors Provincial des Recollets de la Province de Saint Denis, en 1669, d'y faire passer quatre Religieux la même année, pour reprendre possession de leurs premiers établissemens.

Monsieur Talon Intendant de Canada estoit alors venu en

France pour rendre compte de l'état des affaires du païs, & recevoir de nouveaux ordres, & de nouveaux secours, pour continuer & affermir ce qu'il avoit si heureusement commencé, il se chargea des soins de l'embarquement. Le Reverend Pere Cesaré Herveau, Definiteur actuel de la Province, où il a esté depuis Provincial, Religieux connu par sa capacité, par sa vertu, & par son experience fut nommé premier Superieur de la Mission, & s'embarqua à la Rochelle le 15. Juillet de la même année avec les Peres Romüald Papillion & Hilarion Guenin Prestres, & Frere Cosme Graveran laic.

La navigation ne fut pas heureuse. Le Pere Romüald mourut sur la route. Le Vaisseau après avoir tenu la Mer trois mois de temps, essuyé les orages & les tempestes, & souffert même la disette & le manquement de vivres, fut obligé de relacher à Lisbonne; d'où estant parti le 25. Decembre, le Navire fit naufrage & fût entierement brisé à trois lieuës de ladite Ville, nos Religieux obligez de revenir en Province.

Un succés si malheureux & si contraire aux bonnes intentions de nos Peres, ne fit qu'augmenter leur zele pour retourner en Canada en execution des Ordres du Roy que Sa Majesté reïtera à la Province, commandant même par lettre de cachet en datte du 4. Avril 1670, au Reverend Pere Germain Allart Provincial d'y passer en personne avec quatre Religieux: autres lettres de cachet furent expediées à Mon-

dans la Nouvelle France. 89
sieur l'Evêque de Petrée, à Messieurs de Courcelles Gouverneur & Talon Intendant du païs pour la même fin.

Il est dit du Prophete Nehemias un des favoris d'Artaxerxes, que touché de la desolation de Jerusalem, & du temple du Seigneur dont il ne restoit plus que des tristes masures pour toute marque de son ancienne splendeur, Ce Prophete conjura le Roy d'authoriser le zele qu'il avoit d'aller rétablir la Ville & le temple du Seigneur, il demanda, & obtint des lettres auprês des Gouverneurs & Lieutenans generaux, *trans Flumen*, au de-là du Fleuve ; afin de faciliter l'execution de son entreprise ; ce saint homme rempli de l'esprit du Seigneur, prit congé du Roy, à condition de retourner auprés de sa personne quand il auroit satisfait à l'ordre de Dieu : l'Ecriture remarque que Nehemias y réüssit parfaitement, & consomma ce grand ouvrage par le secours des Gouverneurs & des peuples qui le seconderent malgré les traverses de Sanabellat, lequel soûtenu des Samaritains, faisoit tous ses efforts par des intrigues secretes, pour empescher l'execution de ce pieux dessein.

Le Reverend Pere Germain Allart rempli de ce même zele du Prophete, pour reparer la maison du Seigneur qui avoit servi autrefois de premier Convent, de premiere Eglise, & de premier Seminaire dans ce nouveau monde; muni des lettres de faveurs du Roy & des Ministres qui commandoient sous ses ordres dans le païs, *trans flumen* après avoir pris congé de Sa Majesté, partit pour la Rochelle, où les Peres Gabriel de la Ribourde, Simple Landon, Hilarion Guesnin, & les Freres Luc le François Diacre, & Anselme Bardou Laic, s'étoient rendus : La Flote estant preste à faire voile, leva l'Anchre à la fin de May 1670. en compagnie de Monsieur Talon Intendant, & après une navigation assez longue, & assez perilleuse de trois mois, arriva enfin à Quebec, où nos Peres furent receus par Monsieur de Petrée, Monsieur de Courcelles Gouverneur, les Reverends Peres Jesuites, & le grand concours des habitans avec toutes les marques de joye, que l'on pouvoit attendre d'un païs, où nos Peres estoient desirez avec empreſſement depuis tant d'années.

On laiſſe à penſer avec quel ſentiment de douleur & de zele, cet autre Nehemias conſidera les triſtes ruines de nôtre ancienne maiſon de Noſtre-Dame des Anges: il ſe trouvoit encore dans le païs, quantité de perſonnes & d'habitans du temps de nos anciens Religieux, dont il apprit avec une conſolation ſenſible, une partie des travaux Apoſtoliques que ces premiers Apoſtres avoient ſoûtenus dans le païs, on le conduiſit dans les endroits, où ils avoient ſignalé leur zele, dont on trouvoit encore les veſtiges; On luy marqua tout le terrain qu'ils occupoient autrefois il fut du temps à deliberer, mais enfin il reſolut de baſtir ſur les ruines de noſtre ancienne maiſon,

dans la Nouvelle France.
son à une demie lieuë de la Ville, secondé des charitables secours de Messieurs le Gouverneur, & Intendant, l'on eût à moins de six semaines, élevé un batiment de bois, qui servit de Chapelle & de Maison; Monsieur l'Evesque de Petrée, nous fit l'honneur d'y celebrer la premiere Messe le jour de Nôtre Pere Seraphique S. François, quatriême d'Octobre : La Croix fut plantée au concours de tout ce qu'il y avoit de plus considerable à Quebec, avec les ceremonies ordinaires, au bruit du Canon & de la mousqueterie, rien n'ayant manqué pour rendre cette action des plus solemnelles.

Cependant le temps avançoit de l'embarquement par lequel le Reverend Pere Provincial avoit ordre de revenir en France, il nomma le Pere Gabriel de la Reibourde pour son Commissaire, & premier Superieur de la Mission. Monsieur de Courcelles Gouverneur voulut bien agréer les Lettres de premier Sindic Apostolique de notre Convent, & Monsieur l'Intendant toûjours également zelé pour nos Peres, se fit un point de Religion & d'honneur, de ménager les liberalitez du Roy, & les aumônes de France, pour l'entretien des Religieux, & la construction d'une Eglise, & d'une maison reguliere.

Les materiaux disposez durant l'Hyver pour le bâtiment de l'Eglise; La premiere pierre fut posée le 22. Juin 1671. avec les ceremonies ordinaires par Monsieur Talon : Nos Religieux cependant celebroient les divins mysteres dans la petite Chapelle de charpente que l'on avoit bâtie à noſtre arrivée.

Trois mois après la Miſſion reçeut un puiſſant renfort par l'arrivée de quatre de nos Peres & d'un Frere-laic. Le Pere Superieur fortifié de ce ſecours, étendit les effets de ſon zele en quantité d'endroits du païs habité pour le ſecours ſpirituel de la Colonie, il prit luy-même pour diſtric cinq villages du voiſinage de Quebec, l'on commença le rétabliſſement du Tiers-Ordre de ſaint François. Pour l'édification de l'un & de l'autre ſexe, qui produira dans la ſuite beaucoup de ſujets pleins de vertu & de pieté.

Frere Luc le François, aſſez connu de toute la France pour un des plus habiles Peintres de ſon temps, & qui n'a jamais consacré son pinceau qu'à des Ouvrages de pieté, dont la vûë inspire l'esprit de devotion: ce bon Religieux travailla durant 15. mois à plusieurs ouvrages, qu'il y a laissés comme autant de marques de son zele: le Tableau du grand Autel de nôtre Eglise & celuy de la Chapelle: Il enrichit l'Eglise de la Paroisse d'un grand Tableau de la sainte Famille, celle des R R. PP Jesuites, d'un Tableau de l'Assomption de la sainte Vierge, & acheva celuy du maistre Autel, qui represente l'Adoration des Roys: Les Eglises de l'Ange Gardien, du Chasteau-Richer à la coste de Baupré, celle de la sainte famille dans l'Isle d'Orleans & l'Hôpital de Quebec ont esté pareillement gratifiez de ses Ouvrages.

 Le Pere Commissaire se

voyant assez d'ouvriers pleins de zele & de bonne volonté pour travailler à la conversion des Sauvages, auroit bien souhaitté de reprendre une partie des Missions, que nos anciens Peres avoient autrefois occupées; mais comme quelques unes estoient dignement remplies par d'autres Missionnaires, & ne voulant pas aller sur leurs brisées, il fit de frequentes instances pour obtenir du moins permission, d'envoyer de ses Religieux à celles que l'on avoit abandonnées: mais comme toutes ces instances furent inutiles, & que l'on ne pût rien obtenir, il falut se contenter de sa bonne volonté, & retarder les effets de son zele à un autre temps. Plusieurs de nos Peres, sur tout les Peres Simple Landon, Exuper d'Ethune, & Leonard ne laisseront pas d'étudier les Langues Sauvages, & s'y avancer mesme pour estre en estat d'y servir, car l'on ne se déclaroit pas encore si ouvertement & l'on se contentoit de nous insinuer, que les Recolets n'estoient en Canada que pour vivre en solitude, chanter au Chœur, faire Oraison, & mener la vie Reguliere avec esprit, qu'il y avoit assez d'autres ouvriers pour cultiver la vigne du Seigneur, & remplir les ministeres à l'égard des peuples.

Le Roy ayant bien voulu en 1672. rappeller auprés de sa personne Monsieur de Courcelles & Monsieur Talon, qui avoient demandé de concert leur retour en France, Monsieur le Comte de Frontenac fut destiné pour remplir leur place,

& réunir dans sa personne l'authorité & les pouvoirs de l'un & de l'autre. Comme le Canada ne pourra jamais assez reconnoistre les obligations singulieres dont il est redevable aux applications & aux soins de ces Messieurs; on les auroit beaucoup plus regreté, si cette perte n'avoit esté heureusement reparée par la personne d'un Seigneur, de la naissance, du merite, de la valeur, de l'équité & du zele de Monsieur le Comte de Frontenac.

Dieu permit pour éprouver sa constance, qu'un vaisseau de la Flote chargé de ses équipages, ameublemens & provisions fut pris à la hauteur de l'Isle Dieu par les Hollandois, avec qui nous estions en guerre: celuy qu'il montoit, arriva heureusement à Quebec, où il fut reçeu avec des marques extraordinaires de joye, comme un preſſentiment des avantages, que le païs devoit retirer de ſa conduite.

Il ne fut pas long-temps ſans en donner des preuves, & ſans faire voir qu'il ſçavoit parfaitement accorder le Seigneur & le Miniſtre d'un grand Roy, avec la pieté d'un Gouverneur Chreſtien, plein de zele pour l'Egliſe & pour la Religion ; il fut le premier qui parut en Canada, ſoutenir ſa dignité par une Compagnie de Gardes, & tous les Officiers grands & petits qui compoſent la maiſon des Gouverneurs de Province avec un ſi bel ordre, que la ſienne pouvoit paſſer pour une Acꝺemie reglée, & un Seminaire de vertu.

Il députa dés l'Automne aux

Nations Iroquoises, qui commençoient à remuer depuis prés d'un an & menaçoient d'une rupture: Il en fit de même aux autres nations, leur envoyant des presens pour les attirer en traite l'Esté suivant, & conferer avec les chefs sur les moyens d'avancer la Religion: il eut l'adresse d'en engager plusieurs à luy confier leurs enfans de l'un & de l'autre sexe, mettant les filles à ses frais en pension aux Ursulines, & faisant élever les garçons chez luy, ou chez des Habitans devots.

L'esprit de procedure commençoit à s'introduire dans le Canada; Ce Gouverneur plein de charité, se mit en possession d'accommoder tous les differends par luy-même à l'amiable, ce qu'il a toûjours continué, en sorte que les Officiers de Justice se voyant sans occupation, en porterent leurs plaintes à la Cour dès l'année suivante: il n'y eût point de pauvre famille qui ne ressentit les premiers effets de sa liberalité jusqu'à la profusion: Veritable pere des pauvres, ayant mesme engagé son Confesseur de luy donner avis de tous les necessiteux, qui viendroient à sa connoissance.

Il convoqua à Quebec un espece d'estat & d'assemblée des notables du païs, pour leur declarer les intentions du Roy, concerter les moyens d'avancer l'établissement de la Colonie, donner sa forme à tous les Officiers de guerre & de justice: Protecteur inviolable de l'Eglise & des Missions: il n'a pas tenu à luy, que l'on n'ait éleve les Sauvages à la Françoife, pour les difpofer à la Religion, car il déclara fouvent les intentions du Roy fur ce chapitre, & tâcha jufqu'à la fin d'en procurer l'execution.

Pendant que Monfieur le Gouverneur faifoit ainfi le plan de cette grande conduite, dont il donna enfuite tant de preuves pour le bien du païs; Meffieurs Denis & Bazire, Seigneurs proprietaires de l'Ifle Percée dans le Golphe de faint Laurent, demanderent un Recolet pour y établir une Miffion; c'eft un endroit où durant l'Efté, il s'affemble quatre ou cinq cens pefcheurs, & plufieurs Sauvages : Monfieur l'Evêque de Petrée étoit alors en France: Monfieur de Bernieres, fon grand Vicaire fur les lieux, aprés plufieurs difficultez, fut enfin obligé de se rendre à l'authorité de Monsieur le Gouverneur qui l'ordonnoit pour le service du Roy; Le Pere Exuper Dethunes fut choisi & agreé; il partit avec la famille de Monsieur Denys au mois de May 1673. ce bon Pere qui a servi durant 16. ans en Canada, où il a consommé ses forces & sa santé avec toute l'édification possible, donna commencement à cet établissement dans lequel il a servi jusqu'à 83. qu'il revint Superieur à Quebec, successeur du Pere Valentin le Roux.

Nos anciens Peres avoient occupé durant dix années, la Mission des Trois-rivieres; Dieu voulut au moins nous donner la consolation depuis nôtre retour en Canada, de reprendre cette Mission, qui n'étoit alors remplie de personne: Le Pere Hilarion Guesnin y avoit fait quelque sejour. Le Pere Claude Moreau luy succeda: Ce bon Religieux qui travaille encore en Canada depuis 20. ans avec beaucoup de zele & d'exemple jetta les fondemens de cette Mission, & d'un établissement formé, que nous y avons eû peu d'années aprés par la pieté de Messieurs Crevier & Pepin.

CHAPITRE XX.

On commence les nouvelles decouvertes par l'établissement du Fort Frontenac. Erection titulaire de l'Evesché de Quebec. Plan des Missions des Recollets dans la Nouvelle France.

Nous commencerons ce Chapitre par l'établissement que l'on fit d'une Colonie dans le Lac Ontario, entreprise tout ensemble la plus hardie, la plus combatuë, & la plus utile au païs, pour maintenir la paix, en tenant les Iroquois en regle pour ouvrir le chemin aux Missionnaires dans les vastes regions de l'Amerique, pour as-

surer la Colonie contre les insultes des infideles, & enfin,
pour donner commencement à
la plus belle & fameuse découverte, qui se soit faite de nôtre
siecle dans le nouveau monde.

Il faut sçavoir qu'au dessus
du Mont-Royal, & au Lac de
saint Loüis, le Fleuve de saint
Laurent se partage comme en
deux branches, dont l'une conduit à l'ancien païs des Hurons,
aux Ontaouacs, & autres Nations situées au Nord; La seconde branche, qui est au Sud, conduit au païs des Iroquois, en
remontant soixante lieuës de
rapides de Saults, & le reste de
la continuation du Fleuve, jusqu'au Lac Ontario, qui peut
avoir au moins 80. lieuës de
longueur, & quarante de largeur ; dont l'entrée où est le
Fort est par les 44. degrez , &

quelques minutes de latitude Septentrionale. Ce Lac formé par le Fleuve est assez profond pour de grands Navires, ne se trouvant pas de fond à soixante dix brasses: les ondes agitées par les vents qui y sont frequents, s'élevent aussi haut, que celles de la Mer, & sont plus perilleuses parce qu'elles sont plus courtes, & se précipitent davantage; en sorte que le Navire obeït moins à la lame, il y a aussi quelque apparence de flux & de reflux perceptible, car l'on y remarque que les eaux montent & descendent regulierement en petites marées, & même contre le vent, & durant le même vent.

La pesche y est abondante, en toute sorte de poisson, sur tout des Truites saumonées, beaucoup plus grosses que nos
plus

plus gros Saumons: les terres d'alentour extraordinairement fertiles, comme on l'a connu en differens endroits par experience: les chasses y presentent tout ce que l'on peut souhaiter de bestes fauves & de gibier: les forests peuplées des plus beaux arbres, que l'on trouve en Europe, & outre cela des Pins, des Cedres rouges, & des Epinettes: l'on y rencontre des mines de fer, peut estre qu'on en découvrira d'un autre métail avec le temps: autour de ce Lac, dans les terres, sont au Sud les cinq grandes Nations des Iroquois, & au Nord plusieurs peuplades de la même nation: Les Villages sont presque rangez comme ceux de France, les cabanes disposées par ruës, les unes proche des autres, l'on peut voir par la carte que ce Lac conduit par ceux de Conty, d'Orleans & Dauphin, qui communiquent par leurs rivieres à une infinité de peuples differens, l'on y aborde par un canal du Fleuve de 25. lieuës sans rapide.

Le Printemps venu, Monsieur le Gouverneur ayant bien consideré les avantages de ce poste, resolut d'y monter en personne, pour y bâtir un Fort, & y établir une Colonie ; l'entreprise étoit hardie; certaines personnes avoient interest de la traverser, sous pretexte que ce poste éclairoit de trop prés le païs d'enhaut, au Sud & au Nord: l'on faisoit courir le bruit, tantost que les Iroquois occupoient les avenuës depuis Ontario jusqu'au Mont Royal avec une puissante armée: tantost que les Hollandois, étoient à l'entrée du Golphe avec une Flote nombreuse, à dessein de s'emparer du païs: des gens apostez venoient tous les jours donner nouvelles allarmes: Monsieur de Frontenac, qui n'a jamais manqué de discernement, & de resolution, fut le seul de son avis, auquel il falut obeïr. Le rendez-vous étoit au Mont-Royal, d'où aprés y avoir receu les Ambassades des principales Nations Sauvages, qu'il y avoit appellées il monta à la teste de 400. hommes, à travers les Saults, & les païs deserts jusqu'au Lac, qui a esté depuis honoré de son nom sous lequel nous en parlerons dans la suite.

Bien loin que cette marche causât du remuëment de la part des Iroquois; tout au contraire ces Barbares envoyerent des deputez asseurer Monsieur de Frontenac de leur soumission : on travailla incessamment à se mettre en estat de deffense, & à moins de six semaines, cette forteresse se trouva fort avancée ; elle n'estoit d'abord que de bois & de gazons ; on y laissa un Commandant, & une garnison suffisante, qui acheva de mettre les travaux en estat.

Cependant, comme le Reverend Pere Eustache Maupassant estoit arrivé de France en qualité de Superieur de la Mission ; Le Reverend Pere Gabriel de la Riebourde fut destiné pour premier Missionnaire du Fort de Frontenac ; il eut la consolation avant son départ d'assister à la benediction de nostre Eglise qui se trouvoit achevée : le Reverend Pere Dablon Superieur des Jesuites honora cette ceremonie d'un tres-beau Sermon ; on fit en même temps la Dedicace de l'Eglise des Reverends Peres Jesuites, & la solemnité de la canonization de Saint François de Borgia, à laquelle le Reverend Pere Eustache Superieur des Recollets eût l'honneur de prêcher avec applaudissement.

L'on connut bien tost la grande utilité du Fort de Frontenac pour l'établissement & la seureté de la paix avec les Nations Sauvages : l'alliance devenoit tous les jours plus étroite, & le commerce plus abondant : ces Barbares voulurent même donner de leurs enfans à Monsieur de Frontenac, comme une espece d'otage ; ce qu'il agrea pour favoriser leur conversion : mais sur tout les Missionnaires exerçoient librement leurs fonctions chez les Barbares, & l'on remarque que par ce moyen plusieurs familles Iroquoises se détachoient insensiblement pour venir dans le païs habité assurer leur salut dans les Missions des environs de Mont-Royal & de Quebec: il s'assembloit aussi un Village d'Iroquois auprés du Fort, où les Peres Loüis Hennepin, & Luc Buisset furent destinés: le premier fit des voyages chez les Nations Iroquoises, en attira des familles au Fort, & s'estant perfectionné dans la connoissance de leur Langue & des moyens de les gagner à Dieu: il y a travaillé plusieurs années avec fruit : le Pere Luc Buisset Religieux d'un merite singulier, d'une érudition profonde, & d'une grande regularité de mœurs fuivoit par tout les Sauvages, & hyverna même deux ans dans les bois avec eux, afin de les gagner à Jesus-Christ.

Noftre Province de Saint Antoine de Pade qui eft fortie de celle de Saint Denis fera éternellement redevable à cette charitable Mere d'une infinité de graces qu'elle en a receuës; mais particulierement de l'avoir affociée aux Minifteres Apoftoliques de la Nouvelle France; comme j'ay eu l'honneur d'eftre le premier Novice, & le premier Profés de la Province, depuis fon érection j'eus auffi l'avantage d'eftre le premier choifi avec le Pere Zenobe, membré pour les Miffions de

Canada : ce fût en l'année 1675, que l'obeïssance me destina à celle de l'Isle Percée qui fait partie des Missions differentes des Gaspesiens dont je ne repeteray icy, en ayant mis au jour une Relation.

L'on doit cette justice aux Religieux de nostre Province, d'avoir tâché par les applications de leur zele, & de leurs travaux Apostoliques, de répondre de leur mieux à l'honneur qu'on leur avoit fait, & surmonté avec plaisir les plus grands dangers au peril de leur vie en s'exposant même aux effets de la persecution, pour la conqueste des ames dans cette barbarie.

Le Sieur Robert Cavelier de la Salle, natif de Roüen, d'une des plus honorables familles,
homme

homme d'une grande étenduë
d'esprit, élevé aux belles Lettres, universellement capable
& sçavant, sur tout dans les
Mathematiques, naturellement
entreprenant, sage & reglé dans
ses mœurs estoit en Canada depuis quelques années, & avoit
déja donné des marques de sa
grande capacité pour les découvertes, dés le temps de Messieurs de Courcelles & Talon.
Monsieur de Frontenac jetta les
yeux sur ledit Sieur pour luy
confier le commandement du
Fort de Frontenac, où il fût
prés d'un an; jusques à ce qu'enfin estant venu en France en
1675, il obtint de la Cour le
gouvernement & la proprieté du
Lac & de ses dépendances, à
condition d'y construire un Fort
regulier de pierre, de faire défricher les terres, d'y former des

Villages François & Sauvages, d'y entretenir à ses frais & dépens une garnison suffisante, & des Missionnaires Recollets.

Monsieur de la Salle estant de retour en Canada, accomplit parfaitement ces conditions : le Fort fut bâti avec quatre bastions à l'entrée du Lac au Nord & au fond d'un bassin, dans lequel une grande flotte de gros vaisseaux pourroit tenir à l'abri des vents ce Fort enfermant celuy que Monsieur de Frontenac avoit fait construire. Il nous donna aussi un terrain de 15. arpens de front sur 20. de profondeur : la donation acceptée par Monsieur de Frontenac Syndic de nos Missions.

L'on ne pourroit exprimer combien de contrarietez il eût à soûtenir par les incidents qu'on luy faisoit naistre tous les jours, dans l'execution de son ouvrage, trouvant moins d'obstacle du côté des Nations barbares, lesquelles il sçeut toûjours faire venir à ses fins: Monsieur de Frontenac y montoit chaque année : on avoit soin d'y faire assembler les chefs, & les principaux des Nations Iroquoises, grandes & petites ; maintenant par ce moyen, l'alliance & le commerce avec eux, & les disposant à embrasser le Christianisme, qui estoit l'intention principale de ce nouvel établissement.

L'on joüissoit d'une douce paix dans toutes ces vastes regions, durant laquelle les Gentils hommes, les Officiers des troupes congediées & quantité d'autres personnes considerables vendirent tout le bien qu'ils avoient en France, pour s'arrefter tout-à-fait en Canada. La Colonie fe multiplioit infenfiblement, car par une benediction particuliere de Dieu, l'on voit quelquefois jufques à 15. 18. à 19. enfants d'un pere & d'une mere; ce que j'ay remarqué moy même. Le commerce s'établiffoit auffi beaucoup par le libre accés que l'on avoit chez les Nations à cinq ou fix cens lieuës, à droite & à gauche: les Sauvages même venoient en flotte de deux cens Canots porter les pelleteries dans le païs habité: la culture des terres s'avançoit également les Villages fe formoient comme en France, fi bien que le païs croiffant, l'on eftoit en état d'y établir une Eglife dans toutes les formes.

Sa Majesté avoit nommé Monsieur de Petrée Evesque titulaire de la Nouvelle France, lequel avoit obtenu ses Bulles pour l'érection de l'Evesché, que la pieté du Roy avoit doté aussi bien que le Chapitre : Monsieur l'Evesque revêtu de ce nouveau titre, arriva donc à Quebec au commencement de Septembre 1675. en Compagnie de Monsieur du Chesneau President des Tresoriers de la Generalité de Tours qui venoit Intendant du païs : le nouvel Evêque y fût receu avec toutes les ceremonies ordinaires qui estoient deûes à son caractere par les soins de Monsieur de Frontenac. Le Reverend Pere Potentien Ozon aujourd'huy Provincial de nostre Province, & alors Custode de celle de Paris, estoit du même voyage. Ce grand Religieux illustre dans nostre Ordre par sa doctrine, sa pieté, & par les premieres charges qu'il a remplies si dignement, passoit en Canada en qualité de Visiteur de la Mission.

Le Chapitre de la Cathedrale estant comme le Conseil de l'Evesque, l'érection du Chapitre de Canada estoit une dépendance necessaire de celuy de l'Evesché, aussi bien que l'établissement des Cures fixes. Le Chapitre de cette Eglise est composé d'un Doyen, d'un grand Chantre, d'un Archidiacre, d'un Theologal, d'un grand Penitencier, & de douze Chanoines.

Pour ce qui est des Cures fixes; le nombre en avoit esté indeterminé, mais il a esté reglé jusques à 36, capables d'entretenir un Pasteur avec le secours des dixmes, qui font regulierement payées; la liberalité du Roy fournissant le surplus : le droit de nommer à ces Cures est partagé ; le Superieur du Seminaire a droit de nommer à celle de Quebec, & à cinq ou six autres : le Superieur du Seminaire du Mont-Royal a le même droit pour la Cure de Ville-Marie, & cinq autres qui se trouvent dans l'Isle : les Reverends Peres Jesuites font aussi Curez Primitifs de deux ou trois : le droit de nommer au reste des Cures, aussi bien qu'aux Canonicats de la Cathedrale, appartient à l'Evesque : outre ces Cures dont nous venons de parler, il y a encore plusieurs autres endroits habitez en forme de Village, qui n'estant pas suffisants pour entretenir un Curé, sont deservis par maniere de Missions, & fourniffent à la nourriture du Miffionnaire, eftant joints deux ou trois enfemble qui payent regulierement les dixmes.

Comme il nous arrivoit infenfiblement quantité de fujets de France pour obferver la regularié des Offices dans la maifon de Noftre-Dame des Anges, & qu'il n'y avoit pas de logement regulier; M. le Comte de Frontenac avoit eu la bonté de faire à fes frais & dépens bâti un corps de logis de 60. pieds de long fur 21. de large, il nous donna le haut où l'on pratiqua un dortoir un Chœur & 9 cellules pour les Religieux, s'eftoit refervé dans le bas des appartemens, où ce Seigneur venoit faire des retraites de dix & quinze jours, à chacune des cinq grandes Feftes.

La maison par ce moyen se trouva en état de soûtenir un Noviciat : le Reverend Pere Potentien Ozon Superieur, donna l'habit le 9. May 1677. au fils ainé de Monsieur Denis qui fût nommé Joseph : le Pere Valentin le Roux qui arriva successeur du Reverend Pere Potentien Ozon, & Commissaire de la Mission au mois de Septembre suivant, fit faire Profession à ce Novice, & donna l'habit quelque temps aprés à deux autres, Charles Bazire, & Didace Pelletier qui servent encore avec édification dans le païs. Cependant le Pere Claude Moreau lequel aprés avoir administré la Mission des trois Rivieres, estoit allé en 75. reprendre les Missions que nos Peres de la Province d'Aquitaine avoient occupé dans l'Acadie, se trouva engagé de s'arrester particulierement à beau bassin avec Monsieur de la Valliere, Seigneur du lieu, d'où il faisoit des courses Apostoliques, en tous les endroits du païs, avec une singuliere édification des François, & des Sauvages: Monsieur de la Valliere voulut y fixer les Religieux de nostre Ordre par un établissement formé dans sa Seigneurie, où il nous donna un terrain de six arpents de front, par un contract accepté de Monsieur de Frontenac, Syndic Apostolique de nos Missions, en datte du 8. Septembre 1678.

Ce fût dans cette année que le Pere Xiste le Tac qui occupoit la Mission des trois Rivieres y fit aussi bâtir une maison sur nostre terrain par les petites contributions, & les secours que le Reverend Pere Commissaire luy envoyoit de nostre Convent de Nostre-Dame des Anges.

Nos Reverends Peres ayant obtenu du Roy ses Lettres Patentes pour nos établissemens de Quebec, de l'Isle Percée, du Fort de Frontenac, elles furent enregistrées l'année precedente au Conseil souverain de Quebec: Monsieur de la Salle fit bâtir à ses dépens nostre maison sur le terrain qu'il nous avoit donné auprés du Fort dans laquelle on ménagea une Chapelle: l'on fit construire aussi un bâtiment à l'Isle Percée aux frais de la Communauté de Quebec: l'on y a depuis ajoûté une Eglise fort belle pour le lieu, ornée de Tableaux & de tous les Ornemens necessaires, avec une maison reguliere accompagnée de tous les Offices, achevée par les soins du Pere Joseph Denis.

L'année susdite 1678, on ajoûta une tres-belle Chapelle en rond-point à nostre Eglise de Nostre-Dame des Anges, & l'année suivante une grande Sacristie par le bas, & un Chœur au dessus pour chanter l'Office Divin, un grand Dortoir de pierre qui fût achevé les années suivantes avec tous les Offices reguliers, & un grand Cloistre, en sorte que l'on peut dire que cette maison avec tous ses accompagnemens, est une des plus regulieres, des plus belles, & des plus commodes ; la situation du lieu luy donnant d'ailleurs tous les agrémens que l'on peut souhaiter.

Messieurs du Mont - Royal

aussi bien que les habitans, ayant temoigné inclination & empressement d'avoir dans l'Isle un établissement de nos Peres, & Monsieur Tronçon Superieur General de Messieurs de saint Sulpice, ayant bien voulu y donner les mains, j'eus l'honneur d'en porter les lettres à Mont - Royal, & de les remettre à Monsieur Dollier Superieur du Seminaire, lequel nous accorda à cet effet, quatre arpens de terre à l'entrée de la Ville par un Contract de concession.

Le Reverend Pere Germain Allart qui a esté depuis honoré de l'Evesché de Vences, avoit obtenu du Roy la concession d'un emplacement dans la haute-Ville de Quebec, pour y bâtir un hospice regulier à l'usage de nos Peres, en datte du 28, May 1681. les Lettres en furent enregiſtrées au Conſeil ſouverain de Quebec, en Octobre de la méme année: Monſieur l'Eveſque y fit planter la Croix ſolemnellement par Monſieur de Bernieres, ſon grand Vicaire, M. Soüart y aſſiſtant avec un grand concours de peuples: l'emplacement fut auſſi-toſt fermé regulierement, & l'année ſuivante le Pere Commiſſaire y fit bâtir une Chapelle pour le ſervice du Public, & une petite maiſon qui a eſté depuis augmentée d'un grand corps de logis, par les ſoins du Pere Seraphin Georgemé.

J'ay cru devoir donner ce petit Plan de nos établiſſemens pour la conſolation & l'édification de mes freres, ſans deſcendre en particulier dans le détail des grands services que nos Religieux ont rendu jusques à present à cette nouvelle Eglise, n'estant pas l'ordinaire des Religieux de Saint François de tirer vanité de leurs travaux; je ne parle des nostres dans ce petit Ouvrage, qu'autant qu'ils sont necessairement attachez à l'Histoire de l'établissement de la Foi. D'ailleurs comme ce détail m'engageroit à produire une infinité de traverses & de persecutions de toutes manieres qu'il a fallu y soûtenir; la charité m'oblige de couper court.

Postera vix credet, præsens mirabitur ætas.

CHAPITRE XXI.

Nouvelles découvertes au Nord, au Sud & à l'Oüest où les Missionnaires vont annoncer l'Evangile. L'on s'arreste particulierement à celle de l'Ouest sous la conduite du Sieur de la Salle.

MOn deſſein eſtant de traiter de la publication de la Foy à cette prodigieuſe quantité de Nations, qui ſont compriſes dans les terres de la domination du Roy, à meſure que Sa Majeſté en a fait faire la découverte ; nous continuërons noſtre ſujet par celles qui ont eſté faites durant le reſte de la la prefente Epoque, dans toutes les parties de la Nouvelle France.

Pendant que les Reverends Peres Jefuites du côté des Iroquois au Sud du haut du Fleuve, avoient l'honneur de porter l'Evangile chez les Nations voifines de ces peuples : la paix entre les deux Couronnes de France & d'Angleterre leur donnant par tout un libre accés fans eftre traverfée par les Anglois; ils annonçoient la Foi aux Etchemins, & aux autres Nations Sauvages qui venoient en traite à l'habitation de la Riviere du Loup, où eftoit le fejour ordinaire de la Miffion : nos Miffions de la Riviere de Saint Jean, de beau Baffin, de Mizamichis, Nipifiguit, Riftigouche, & de l'Ifle Percée, fe foûtenoient de même, l'on continuoit de travailler à la conversion des Barbares des vastes contrées, comprises sous le nom de l'Acadie, Cap-Breton, & de la grande Baye.

Du temps de Messieurs de Courcelles, & Talon sur la fin de 1671, l'on fit dessein d'avancer les découvertes vers la Baye du Nord, dont on avoit quelque connoissance par deux ou trois pareilles tentatives qui avoient esté faites cy-devant. Le Sieur de saint Simon fût préposé à l'entreprise, & le Reverend Pere Albanes Jesuite: l'on peut aisement reconnoistre par les cartes du païs quelles difficultez il fallut surmonter, combien de peines, & de travaux ils furent obligez de soûtenir, combien il fallut franchir de Saults & de Rapides,

& par conſequent les portages qu'il fallut faire pour arriver par les terres de regions & de Nations inconnuës, juſques à la Baye ou détroit d'Hudſon. Monſieur de Frontenac eſtoit en Canada au retour de la troupe ſur la fin de mil ſix cent ſeptante deux : cette découverte donna dés lors entrée à pouſſer la Miſſion beaucoup plus avant du côté du Nord, & attirer quelques ſujets choiſis de ces Nations éloignées, pour recevoir les premieres inſtructions du Chriſtianiſme : juſques à ce qu'en 1686 les armes victorienſes du Roy, ſous la conduite de M. de Troye, de Meſſieurs d'Hiberville, de ſainte Helaine, & de quantité de braves Canadiens par les Ordres de Monſieur le Marquis d'Enonville alors Gouverneur General du païs firent la conqueste de ces païs Septentrionaux où les François se soûtenant aujourd'huy avec beaucoup de gloire, le zele des Reverends Peres Jesuites s'exerce à y publier l'Evangile.

La charité infatigable de ces illustres Missionnaires avance ses travaux avec beaucoup plus de succés durant la presente Epoque, parmy les Nations Outaouazes, secondée du grand zele de la protection de Monsieur de Frontenac, & de cet ascendant d'attrait que la sagesse de ce Gouverneur avoit pris sur cette Barbarie ; l'on bâtit une magnifique Eglise, accompagnée des plus riches Ornemens dans la Mission de sainte Marie du Sault; celle de la Baye des püans, & de l'Isle de Michilimakinax, se fortifient de plus en plus par le concours des Nations Sauvages: les Missions des environs du Lac de Condé, plus au Nord, prennent aussi des nouveaux accroissemens : ce Lac seul a 150. de longueur, 60. de largeur, & environ 500. lieuës de tour, habité de differentes Nations, d'où on peut juger des travaux des Missionnaires dans cinq ou six établissemens: enfin dans les dernieres années du premier Gouvernement de Monsieur de Frontenac, le Sieur du Lut, homme d'esprit & d'experience, fait jour aux Missionnaires, & à l'Evangile dans plusieurs Nations differentes, tirant vers le Nord du Lac susdit, où il bâtit même un Fort; il poussa jusques au Lac des Issati, nommé Lac de Büade, du nom de la famille de Monsieur de Frontenac; arborant les armes du Roy chez plusieurs Nations à droite & à gauche, où les Missionnaires font encore leur possible, pour y introduire le Christianisme dont les fruits à la verité ne consistent qu'au baptême de quelques enfans moribonds, & à rendre les adultes inexcusables au jugement de Dieu par la predication, qu'on leur fait de l'Evangile.

Je m'arresteray particulierement dans la suite à donner au public les grandes découvertes qui se sont faites par ordre du Roy sous le commandement de Monsieur de Frontenac, & la conduite de Monsieur de la Sale, comme estant celle qui promettroit de plus grands fruits pour l'étabssement d e la Foy, si on vient à les reprendre dans la suite des temps & à les soutenir autant qu'elles les meritent : Le sieur de la Salle ayant achevé la construction du Fort de Frontenac, & beaucoup avancé l'établissement des Colonies Françoises & Sauvages, conçeut par le rapport des peuples de plusieurs Nations qu'on pourroit faire des grands progrés en poussant les découvertes par les Lacs, dans le Fleuve de Mississipi, qu'il jugeoit alors descendre dans la Mer Vermeil : il fit un voyage en France en 1677. & à la faveur des Lettres de Monsieur le Comte de Frontenac, il obtint de la Cour les pouvoirs necessaires pour entreprendre & poursuivre à ses frais ce grand dessein.

Muni de ces pouvoirs ; il arriva en Canada à la fin de Septembre 1678. avec le sieur de Tonty Gentilhomme Italien, plein d'esprit & de resolution, qui l'a secondé depuis si courageusement, & si fidellement dans tous ses desseins : il avoit encore avec luy environ trente hommes Pilotes, Matelots, Charpentiers & autres ouvriers, avec les choses necessaires pour son entreprise : quelques Canadiens se joignirent à luy : il envoya tout son monde devant, au Port de Frontenac, ou estoient les PP. Gabriel de la Ribourde, & Luc Buisset, & où se rendirent en même temps, les Peres Lois Hennepin, Zenobe Membré, & Melithon Vvateau, trois Missionnaires de nôtre Province de saint Antoine de Pade en Artois, aussi bien que le Pere Luc Buisset, Sa Majesté ayant honoré les Recollets des soins de cette découverte pour la conduite spirituelle par des ordres exprès, exprês, adreſſez au Pere Valentin le Roux Commiſſaire Provincial, & Superieur de la Miſſion) le ſieur de la Salle les ſuivit bien-toſt, Dieu le ſauvant de beaucoup de perils dans cette grande route depuis Quebec à travers des Saults, & des rapides juſqu'au Fort de Frontenac, où il arriva enfin fort extenué: Son grand courage luy donnant de nouvelles forces, il expedia tous ſes ordres, & fit partir le 18. Novembre ſon monde avec le Pere Louïs, dans un Brigantin pour Niagara.

La navigation, où il falut eſſuyer beaucoup de perils, & meſme des pertes dans une ſaiſon ſi avancée en traverſant tout le grand Lac, ne leur permit d'arriver à la riviere de Niagara, que pour le 5. Decembre: Le ſixiéme ils pouſſerent plus avant dans la riviere, & les jours suivans en Canot, & par terre jusqu'à l'endroit où le sieur de la Salle avoit dessein de construire un Fort, & de faire bâtir sa barque au delà du Sault de Niagara, d'où le Fleuve communique du Lac de Conty, dans celuy de Frontenac, par le Sault, & la riviere susdite, qui est comme le détroit de communication.

L'on peut juger en jettant la vûë sur la Carte, que cette entreprise, jointe à celle du Fort de Frontenac, & du Fort qu'on alloit bâtir à Niagara, pouvoit causer quelque jalousie aux Iroquois, qui habitent aux environs du grand Lac: Le sieur de la Salle avec son adresse ordinaire s'aboucha avec les principaux chefs de ces Nations, & sçeut si bien les gagner, que non seulement ils y consentirent, mais encore s'offrirent de contribuer de tout leur pouvoir à l'execution de son dessein, & ce grand concert continua du temps: Le sieur de la Salle envoya aussi plusieurs canots en traite, au Nord & au Sud du Lac, chez ces Nations.

Cependant comme certaines personnes traversoient de tout leur possible l'entreprise du sieur de la Salle; le Fort que l'on bâtissoit à Niagara commençant à s'avancer, on insinua des sentimens de jalousie aux Iroquois Sonnontoüans, & l'on fit si bien, que le Fort leur devint suspect, en sorte qu'il falut pour un temps en arrester la construction, & se contenter d'une habitation entourée de palissades: le sieur de la Salle ne laifsoit pas de donner inceſſamment ſes ordres: durant l'hyver, ſur les glaces, dés le Printemps, il fit de frequens voyages avec des barques chargées de proviſions du Fort de Frontenac à Niagara: parmi toutes ſes traverſes que faiſoient naître les envieux, il ſembloit que la fortune fuſt d'intelligence avec eux contre ledit ſieur, il arriva que le Pilote qui conduiſoit une de ces Barques bien chargées, la perdit ſur le Lac de Frontenac, il envoya à la fonte des glaces 15. de ſes hommes en traite par les Lacs & en Canot juſqu'aux Ilinois pour luy préparer les voyes, lorſque ſa Barque que l'on conſtruiſoit à Niagara ſeroit achevée; elle ſe trouva parfaitement en eſtat au mois d'Aouſt 1679.

Le Pere Commiſſaire eſtoit

parti quelque temps auparavant de Quebec pour monter au Fort, afin d'ordonner ce qui regardoit son ministere & faire executer les obediences & les ordres qu'il avoit envoyées au mois de Juillet par lesquelles le Pere Gabriel estoit preposé Superieur de cette nouvelle découverte: les Peres Louïs Henpin Zenobe, Membre & Melithon Vatteaux avec luy que le Pere Melithon demeureroit à Niagara pour en faire sa Mission pendant que le Pere Luc resteroit dans celle du Fort.

 Les trois premiers s'embarquerent donc le 7. Aoust avec Monsieur de la Salle & tout son monde, dans le Vaisseau qu'on avoit nommé le Griphon, par honneur aux armes de Monsieur de Frontenac: Le Pere Melithon demeura à l'habitation de

Niagara, avec des travaillans & des Commis: l'on fit voile le mesme jour pour le Lac de Conty, aprés avoir franchi les courans du détroit contre les esperances de tous, par la resolution & l'adresse du sieur de la Salle (ses gens y ayant fait inutilement leurs efforts, auparavant son arrivée,) cela parut comme une espece de merveille, eû égard à la rapidité des eaux dans le détroit, contre laquelle il n'y a ny homme ny animal, ny barque ordinaire capable de resister, & encore moins de remonter le courant.

L'on peut voir par la Carte, que depuis cet endroit, l'on vogue en remontant le Lac de Conty, jusqu'au Lac d'Orleans, & que celuy-cy aboutit au Lac Dauphin, ces trois Lacs ayant à peu prés chacun cent ou six-vingts lieuës de longueur, & environ 40. à 50. de largeur, se communiquant de l'un à l'autre par des Canaux, & des detroits aisez, qui presentent aux Vaisseaux une navigation belle & commode : ces Lacs pleins de toutes sortes de poissons : le païs de la plus belle situation : un Sol temperé, estant Nord & Sud, bordé de vastes prairies, terminées par des côteaux pleins de vignes, d'arbres fruitiers, de bocages & de bois de haute futaye, le tout distribué d'espace en espace, en sorte que l'on croiroit que les anciens Romains, les Princes & les Grands en auroient fait autrefois autant de maisons de plaisance : Les terres par tout également fertiles.

Le sieur de la Salle estant

entré le 7. dans le Lac de Conty, le passa en trois jours, & arriva le 10. au destroit, d'où il entra dans celuy d'Orleans, la navigation fut traversée d'une tempeste aussi violente, qu'il s'en pourroit trouver en pleine mer; nos gens reduits à ne plus esperer de salut; un vœu qu'ils firent à saint Antoine de Pade, patron des Navigateurs les delivra par une espece de miracle, en sorte qu'aprés avoir soutenu long-temps contre le vent, le Navire arriva le 27. à Missilimakinak, qui est au Nord du détroit par où l'on remonte du Lac d'Orleans, dans le lac Dauphin.

L'on n'avoit pas encore vû de bâtimens voguer sur ces Lacs, l'entreprise qui devoit estre soutenüe par toutes les personnes bien intentionnées, pour la gloire de Dieu, & pour le service du Roy, avoit produit des dispositions, & des effets bien contraires, dont on avoit désja imprimé les sentimens aux Hurons, aux Outaoüats de l'Isle, & aux Nations voisines, pour leur causer de l'ombrage : Le sieur de la Salle y trouva même encore les 15. hommes qu'il avoit envoyés au Printemps, prevenus à son desavantage, & débauchés de son service; une partie des Marchandises dissipées, bien loin d'avoir poussé aux Ilinois pour y faire la traite suivant l'ordre qu'ils en avoient, le sieur de Tonty qui estoit à leur teste ayant fait inutilement tous ses efforts pour leur inspirer la fidelité.

Enfin on leva l'Anchre le

deuxiéme de Septembre, & l'on arriva assez heureusement à la baye des Puants, à l'entrée du Lac Dauphin, & à 40. lieuës de Missilimakinak. Plust à Dieu que le sieur de la Salle eust continué sa route dans le bâtiment. Sa sagesse ne pouvoit prévoir les malheurs qui l'attendoient: il jugea à propos de la renvoyer sur sa route à Niagara avec les Pelleteries qu'il avoit traittées pour le payement de ses creanciers: On y laissa même quantité de Marchandises, & d'outils d'un transport plus difficile; Le Pilote avoit ordre de revenir au plûtost avec le même Navire, rejoindre nos gens aux Ilinois.

Cependant le 18. Septembre, le sieur de la Salle avec nos peres, & 17. hommes poursuivirent leur route en Canot par le

Lac Dauphin, le Bourg des Pontcovatamis, jufqu'à l'embouchure de la riviere des Miamis, où ils arriverent le premier de Novembre. L'on avoit donné le rendez-vous dans cet endroit à 20. François, qui venoient par l'autre bord, & auffi au fieur de Tonty, qui avoit efté commandé par Monfieur de la Salle, à Miffilimaxinax, pour une autre expedition.

Le fieur de la Salle y fit bâtir un Fort, pour mettre fon monde & fes effets en fureté, contre les infultes des Sauvages: nos Religieux eurent bien-toft dreffé une cabane d'écorce fervant de Chapelle où ils exercerent leurs fonctions à l'égard des François & des Sauvages, jufqu'au 3. de Decembre fuivant, qu'ayant laiffé 4. hommes au

Fort, l'on alla trouver le portage, qui devoit les conduire dans la riviere de Segnelay, qui descend au Fleuve Missisipi : ils s'embarquerent 30. à 40. personnes sur la riviere, par laquelle aprés cent ou six vingts lieuës de Navigation, ils arriverent sur la fin de Decembre au plus grand Village des Ilinois, composé environ de quatre ou cinq cens cabanes, chacune de cinq à six familles.

C'est la coûtume de ces Peuples, dês qu'ils ont fait la recolte, de mettre leur bled d'Inde dans des caches, afin de le conserver pour l'Esté, que la viande se corrompt aisement, & de s'en aller au loin passer l'Hyver à la chasse de bœufs Sauvages, & des Castors, où ils ne portent que tres-peu de grain : celuy de nos gens leur avoit manqué;

Tellement qu'en paſſant par le Village des Ilinois, ils furent obligez, (ny trouvant perſonne) de prendre du bled d'Inde, autant qu'ils le crurent neceſſaire pour leur ſubſiſtance.

On en partit le premier Janvier 1680. & l'on ſe trouva le quatriéme à 30. lieuës plus bas, au milieu du Camp des Ilinois; ils étoient campez des deux coſtez de la riviere, qui eſt là fort étroite, mais qui forme tout au proche un, Lac long d'environ 7. lieuës, & large d'une, nommé Pimiteoüi, ſignifiant en leur Langue, qu'il y a en cet endroit abondance de beſtes graſſes : le ſieur de la Salle l'eſtima à 33. degrez, 45. minutes : il eſt remarquable, en ce que la riviere des Ilinois eſtant glacée juſques-là, durant quelques mois de l'Hyver, elle ne l'eſt jamais, depuis cet endroit juſqu'à l'embouchure, quoique la Navigation y ſoit interrompuë par endroits, à cauſe de l'amas des glaces, qui derivent d'en-haut.

L'on avoit aſſuré nos gens, que les Ilinois avoient eſté ſuſcitez, & prevenus contre eux: ſe trouvant donc au milieu de leur Camp, qui bordoit les deux coſtez, de la riviere, à un détroit, où le courant portoit les Canots plus viſte qu'on ne vouloit; le ſieur de la Salle fit promptement prendre les armes & ranger ſes Canots de front, tellement qu'il occupoit toute la largeur de la riviere: les Canots les plus proches des deux bords, dans l'un deſquels eſtoit le ſieur de Tonty, & le ſieur de la Salle dans l'autre ne ſe trouvoient éloignez de terre, que d'une demi-portée de piſtolet: Les Ilinois qui n'avoient pas encore découvert la petite Flote rangée en bataille, furent allarmez: les uns coururent aux armes, les autres prirent la fuite, avec une confuſion incroyable : Le ſieur de la Salle avoit un calumet de paix, mais il ne voulut pas le montrer, pour ne pas paroiſtre foiblir devant eux : comme on fût en peu de temps ſi prés d'eux, que l'on pouvoit s'entendre, ils demanderent à nos François, qui ils eſtoient ? Ceux-cy répondirent qu'ils eſtoient François, tenant toûjours les armes à la main, & ſe laiſſant aller au courant tout de front, parce qu'il n'y avoit de débarquement, qu'au pied de leur Camp.

Ces Barbares effrayez, & intimidez de cette action si hardie, quoi qu'ils fussent plusieurs milliers, contre une poignée de gens; presenterent aussi tost trois calumets de paix: nos gens leur presenterent le leur en même temps; & leur terreur se changeant en joye, ils conduisirent nostre troupe dans leurs cabanes, nous firent mille caresses, & envoyerent rappeller ceux qui avoient pris la fuite: on leur declara, qu'on ne venoit que pour leur donner la connoissance du vray Dieu, pour les deffendre contre leurs ennemis, leur apporter des armes, & les autres commoditez de la vie: outre les presens qu'on leur fit, on leur paya le bled d'Inde, qu'on avoit pris dans leur Village: l'on fit une alliance étroite avec eux: le reste de la journée, se passa en festins

ſtins & en remerciements de part & d'autre.

On eut beſoin de toute l'intrepidité, & de la ſage conduite du ſieur de la Salle pour rendre cette alliance inviolable, que Monſoela, un des chefs de la nation des Maskoutens, vint traverſer ſur le ſoir du même jour; l'on ſçût qu'il eſtoit envoyé par d'autres que par ceux de ſa nation; il avoit même avec luy quelques Miamis, & des jeunes gens, qui apportoient des chaudieres, couteaux, haches, & autres denrées: on l'avoit choiſi plûtoſt qu'un chef des Miamis pour cette Ambaſſade, afin de le rendre plus croyable en ce qu'il diroit, les Ilinois n'ayant pas eû de guerre avec les Maskoutens, comme avec les Miamis; il cabala même toute la nuit traitant le ſieur de la Salle d'un broüillon, ami des Iroquois, qui ne venoit aux Ilinois que pour devancer leurs ennemis, qu'ils alloient venir de tous côtez avec des François pour les détruire : il leur fit des presens de tout ce qu'il avoit apporté, & leur dit même qu'il venoit de la part de plusieurs François qu'il leur designa.

Ce Conseil se tenoit la nuit, que les Sauvages choisissent pour traiter les affaires secretes: cet Ambassadeur se retira la même nuit, ensorte que le lédemain on trouva les chefs des Ilinois tout changez; pleins de froideur, & de defiance, paroissant même machiner contre nos François qui en estoient ébranlez, mais le sieur de la Salle qui s'étoit particulierement attaché par quelque present, un des chefs apprit de luy le sujet de ce changement; son adresse eût bien tost dissipé tous ces soupçons, ce qui n'empescha pas que six de ses gens qu'on avoit déja soufflé & prevenu à Michilimatkinak ne desertassent dés le jour même.

Non seulement le sieur de la Salle rasseura cette Nation, mais il trouva encore le moyen dans la suite, de desabuser celles des Maskoutens, & des Miamis, & de faire alliance de ceux-cy avec les Ilinois qui subsista pendant que le sieur de la Salle fût sur les lieux

Dans cette assurance les glaces qui dérivoient d'en haut s'étant écoulées, la petite armée se rendit le 14. Janvier 1680, sur une petite éminence, d'une assiete assez forte proche du Camp des Ilinois, où le sieur de la Salle fit aussi-tost travailler à la construction d'un Fort qu'il nomma de Creve-cœur, à raison de plusieurs chagrins, qu'il y receut, mais qui ne donnerent jamais d'atteintes à sa grande resolution : le Fort se trouva bien avancé, & le petit Navire en estoit déja au Cordon le premier de Mars ; lorsqu'il prit dessein de faire un voyage au Fort de Frontenac : il y avoit quatre à cinq cens lieuës à traverser par terre, mais ne voyant pas revenir son Brigantin nommé le Griphon, non plus que ceux qu'il avoit envoyé au devant, & prévoyant les fâcheuses suites de la perte qui auroit pû arriver de son Vaisseau ; son courage passa par dessus les difficultez d'un si long, & si penible voyage.

Comme l'on avoit destiné le Pere Loüis, & qu'il s'estoit offert d'avancer la découverte du du côté Nord, en remontant le Fleuve, le fieur de la Salle s'étant refervé de la continuer en Canot, en defcendant jufques où l'on pourroit trouver la Mer ; le Pere Loüis partit en Canot du Fort de Creve cœur le 29. Fevrier 1680. avec deux hommes bien armez, & bien munis qui avoient au refte pour douze cens livres de marchandifes, qui eft un bon paffeport : la refolution eftoit grande & hardie, quoy qu'elle ne remplit pas encore le grand zele de ce Miffionnaire intrepide qui entreprit l'ouvrage, & la Miffion, & la pourfuivit avec toute la fermeté, la conftance, & l'édification que l'on pouvoit fouhaiter parmy des travaux inconcevables.

Quoy que la découverte fût

déja avancée de quatre à cinq cens lieuës dans la Loüisiane, depuis le Fort de Frontenac, jusques à celuy de Creve-cœur; l'on ne doit considerer cette grande route, que comme un Prelude & un preparatif à de plus vastes entreprises, & une entrée que l'on se faisoit dans des païs beaucoup plus avantageux. Je n'ay donné jusques icy qu'un petit abbregé de la Relation que le Pere Zenobe Membré nous fait de ces premiers commencemens de l'entreprise : le Pere Loüis qui vient de partir pour le haut du Fleuve, a mis au jour la description des païs qu'il a visités, & où il a porté l'Evangile; c'est pourquoy je dois y renvoyer le Lecteur, sans en rien repeter icy. Il nous reste donc de décrire ce qu'il y a de plus essentiel, & de plus important dans cette découverte qui a esté conduite par les travaux personnels de Monsieur de la Salle durant les années suivantes.

LETTRES PATENTES
Pour la découverte de la Mer de l'Oüest. 12. *May* 1678.

LOUIS *par la Grace de Dieu, Roy de France & de Navarre. A nostre cher & bien amé* ROBERT CAVELIER *sieur de la Salle Salut. Nous avons reçeu agreablement la tres-humble supplication qui nous a esté faite en vostre nom de vous permettre de travailler à découvrir la partie Occidentale de nôtre païs de la nouvelle France & nous avons d'autant plus volontiers donné* les mains à cette proposition qu'il n'y a rien que nous ayons plus à cœur que la découverte de ce païs, dans laquelle il y a apparence qu'on pourra trouver un chemin pour penetrer jusqu'au Mexique. à quoy l'application que vous avez donnée à faire défricher les terres que nous vous avons accordées par l'Arrest de nostre Conseil du 13. May 1675. & Lettres Patentes dudit jour à former des habitations sur lesdites terres. & à mettre en bon état de déffence le Fort Frontenac dont nous vous avons pareillement accordé la Seigneurie & le Gouvernement, nous donne tout lieu d'esperer que vous reüssirez à nostre satisfaction & l'avantage de nos sujets dudit païs. A ces causes & autres à ce nous mouvans, nous vous avons permis & permettons par ces presentes signées de nostre main

main de travailler à la découverte de la partie Occidentale de notre païs de la Nouvelle France, & pour l'execution de cette entreprise de construire des Forts aux lieux où vous estimerez necessaires : Desquels nous voulons que vous jouïssiez aux mesmes classes & conditions que du Fort Frontenac, suivant & conformement à nosdites Lettres Patentes du 13. May 1675. que nous avons en tant que besoin confirmé & confirmons par ces presentes. Voulons qu'elles soient executées selon leur forme & teneur. De ce faire, & de tout ce que dessus vous donnons pouvoir à condition neanmoins que vous acheverez cette entreprise dans cinq années. A faute de quoy les presentes seront nulles & de nul effet. Que vous ne ferez aucun commerce avec les Sauvages appellez Outaoüacs, & autres

Premier établissement de la Foi qui apportent leurs Castors, & autres Pelleteries à Montréal, & que vous ferez le tout à vos dépens & à ceux de vostre Compagnie à laquelle nous avons accordé par Privilege le commerce des Peaux de Cibola. Mandons au sieur de Frontenac Gouverneur & nostre Lieutenant General, & au sieur du Chesneau Intendant de Iustice, Police & Finances & aux Officiers tenans le Conseil Souverain audit païs de tenir la main à l'execution des presentes, CAR tel est nostre plaisir. Donné à saint Germain en Laye. Le 12. jour de May 1678. & de nostre regne le 35. Signé LOVIS, & plus bas par le Roy COLBERT. Et seellé grand sceau de cire jaune.

L'attache de Monsieur le Gouverneur sur les presentes est du 5. Novembre 1678.

CHAPITRE XXII.

Continuation de la découverte & des Missions de la Louisiane.

Puisque je continuë le recit d'une découverte à laquelle le Pere Zenobe a eû beaucoup de part & a toûjours esté present, & que nous tirons de ses Lettres les principales connoissances qu'on en peut avoir, je croiray faire plus de plaisir au Lecteur de luy donner icy en propres termes ce que ce Pere en a laissé par maniere de Relation abbregée, de laquelle je retranche seulement quantité d'avantures, & de remarques qui ne sont pas essentielles.

Ce bon Pere que l'on a laissé

avec le Pere Maxime dans la Louisiane pourra un jour si Dieu luy conserve la vie en faire un plus grand détail, il aura mesme alors pris de plus amples connoissances, & remarqué toutes les particularitez de ces beaux & vastes païs. Je produis d'autant plus sûrement ce qu'il en dit icy que cela se trouve conforme à plusieurs fragmens que nous avons des Lettres du sieur de la Salle, & aux témoignages des François & des Sauvages qui les ont accompagnées & qui ont esté témoins de la découverte; Voicy donc de mot à mot ce que ce bon Religieux en a écrit.

 Le Pere Loüis estant parti le 29. Fevrier 1680. Le sieur de la-Salle laissa le sieur de Tonty pour Commandant au Fort de Crevecœur avec des munitions de guerre & de bouche, des Pelleteries pour payer les Ouvriers comme on étoit convenu & des Marchandises pour la traite & pour achepter des vivres à mesure qu'on en auroit besoin, enfin après avoir donné ses ordres sur ce qu'il y auroit à faire durant son absence, il partit avec quatre François & un Sauvage le 2. Mars 1680. Il arriva le onziéme au grand Village des Illinois, où j'estois alors & delà après 24. heures de sejour il continua à pied son voyage sur les glaces pour le Fort de Frontenac. Depuis nôtre arrivée au Fort de Crevecœur le 14. Janvier dernier, le Pere Gabriel nostre Superieur, le Pere Louïs & moy y avions dressé une Cabane dans laquelle nous nous estions fait une petite regularité exerçant les fonctions de Missionnaires à l'égard des François de noſtre troupe, & à l'égard des Sauvages Ilinois qui y venoient en foule, comme je ſçavois déja une partie de leur langue ſur la fin de Fevrier parce que je paſſois tout le jour dans le Camp des Sauvages qui n'en eſtoit éloigné que d'une demie lieuë, ces Barbares commençans de revenir à leur Village, le Pere Superieur me deſtina pour les ſuivre, un Chef nommé Oumahouha m'avoit adopté pour ſon enfant ſelon la maniere des Sauvages, & Monſieur de la Salle luy avoit fait des preſens, afin qu'il euſt bien ſoin de moy: le Pere Gabriel prit le party de reſter au Fort avec le ſieur de Tonty & les travaillans, le ſieur de la Salle l'en avoit auſſi prié dans l'eſperance que par ſon credit & par la confiance que ses gens paroissoient avoir en luy il pourroit plus efficacement les tenir en Regle, mais Dieu permit que les bonnes intentions où le sieur de la Salle croyoit les avoir laissez ne durassent pas long-temps, ledit sieur avoit rencontré le 13. deux de ses hommes qu'il avoit envoyé à Missilimakinak au devant de la Barque & qui n'en avoient point eû de nouvelle, il les adressa au sieur de Tonty, ces deux hommes mal-intentionnez cabalerent si bien qu'ils reveillerent les soupçons & les chagrins de la pluspart de ceux qui y estoient, en sorte qu'ils deserterent presque tous, pillerent les munitions & les vivres, & ce qui estoit dans le Magazin deux d'entr'eux qui conduisoient le Pere Gabriel au Village des Illinois où Monsieur de Tonty eſtoit venu faire un tour, dégraderent ce bon Pere de nuit à moitié chemin & enclouerent les fuſils du ſieur de Boisrondet & du nommé l'Eſperance qui montoient dans le meſme Canot & n'eſtoient pas de leur complot, ils en donnerent avis au ſieur de Tonty qui ſe voyant dénué de toutes choſes, envoya quatre de ceux qui reſtoient par deux chemins differens en donner avis au ſieur de la Salle.

Ces malheureux perfides s'allerent attrouper au Fort que le ſieur de la Salle avoit fait bâtir à l'embouchure de la riviere des Miamis, démolirent le Fort, pillerent ce qui s'y trouva & nous apprîmes quelques mois après qu'ils alloient juſques à Miſſiſimakinak, où ils enleverent les Pelleteries appartenantes au sieur de la Salle, qu'il y avoit laissées en dépost.

Le seul grand Village des Illinois étant composé de sept ou huit mille ames nous y avions le Pere Gabriel & moy suffisamment dequoy exercer nostre zele, outre le petit nombre de François qui s'y rendirent peu de temps aprés. Il y a de plus les peuples Miamis scituez au Sud quard de Sudest du fond du Lac Dauphin sur le bord d'une assez belle riviere environ quinze lieuës dans les terres à quarante un degré de latitude Septentrionale. La nation des Maskoutens & des Outagamys qui demeurent environ à 43. degrez de latitude sur le bord de la riviere appellée Melleoki qui se décharge assez prés de leur Village dans le Lac Dauphin : du costé de l'Oüest les Kikapous,

& les Ainoves qui ont deux Villages. à l'Oüest De ces derniers au haut de la riviere de Checagoumemant. Le Village des Illinois Cascaschia scitué à l'Oüest du fond du Lac Dauphin tirant un peu au Sudouest environ les 41. degrez de latitude. Les Anthoutantas, & Maskoutens, Nadouessions envirō 150. lieuës des Illinois dans trois grands Villages bâtis proche d'une riviere qui se décharge dans le Fleuve Colbert du costé de l'Oüest au dessus de celle des Illinois quasi vis à-vis l'embouchure de Miskoncing dans 'e même Fleuve, je pourrois encore citer icy quantité d'autres Nations, où nous communiquons & où les François coureurs de bois, où legitimement envoyez se répandoient dans le temps que j'étois aux Illinois à la faveur de noſtre découverte.

La plûpart de ces Peuples & particulierement les Ilinois que j'ay le plus converſé font leurs cabanes de Nattes de Joncs plats doubles couſus enſemble, ils ſont grands de ſtature, forts & robuſtes, aſſez adroits à la ſleche, ils n'avoient point encore d'armes à feu, nous en avons donné à quelques-uns. Ils ſont errants, pareſſeux, craintifs, & libertins, ſans reſpect quaſi pour leurs chefs, coleres & larrons, leurs Villages ne ſont fermez d'aucunes palliſſades n'ayans pas aſſez de cœur pour les deffendre ils fuïent à la premiere nouvelle de l'armée ennemie, la bonté & fertilité des campagnes leur fourniſſant par tout des champs. Ils n'ont l'uſage des outils & des armes de fer que depuis que nous y sommes, ils se. servent encore en guerre outre l'arc d'une espece de demi pique & de masse de bois. Les Hermaphrodites y sont en grand nombre, ils ont plusieurs femmes & prennent souvent toutes les sœurs afin qu'elles s'accordent mieux, & cependant ils en sont si jaloux, qu'ils leur couppent le nez au moindre soupçon: ils sont impudiques & mesme contre nature, & ont des garçons vétus en fille, qui ne sont destinez qu'à ces usages infames, aussi ces garçons ne s'occupent-ils qu'aux ouvrages des femmes sans se mêler de chasse ny de guerre, ils sont fort superstitieux quoyque sans aucun culte de Religion. Au reste grands joüeurs comme tous les Sauvages que je puisse connoître de l'Amerique.

Comme il y a dans leur païs

quantité de serpens, ces Barbares y connoissent des herbes beaucoup plus souveraines que nôtre orvietan & theriaque; puisque s'en frotant ils peuvent joüer sans crainte avec les insectes quelques venimeuses qu'ils soient les font même entrer bien avant dans leur gorge, ils vont tous nuds en Esté hormis les pieds, où ils portent des souliers de peau de bœuf, & l'hyver ils se deffendent contre le froid qui est perçant dans ces campagnes quoy que de peu durée avec des peaux qu'ils passent, & peignent fort proprement.

Quoy que nous fussions presque denuez de tout secours, cependant le sieur de Tonty ne perdit jamais courage, il se faisoit valloir auprés des Illinois, soit en leur donnant toutes les esperances qu'il fondoit sur le retour du sieur de la Salle; soit en les inſtruiſant de l'uſage des armes à feu & de beaucoup d'autres commoditez à la maniere des Europeans. Comme durant l'Eſté ſuivant il couroit un bruit que les Myamis vouloient remüer & ſe joindre aux Iroquois, il leur enſeigna à ſe fortifier de paliſſades & leur fit même dreſſer une eſpece de petit Fort avec des retranchemens, je ne doute pas que s'ils avoient eu un peu plus de cœur, & de ſubordination, ils n'euſſent eſté en état de ſe ſoûtenir.

Cependant depuis la déroute & la deſertion de nos gens arrivée à la mi-Mars juſques au mois de Septembre nous avons eſté le Pere Gabriel & moy continuellement appliquez à la Miſſion. Un nommé Aſapiſta Ilinois avec qui le ſieur de la

Salle avoit contracté amitié, adoptâ le Pere Gabriel pour son fils, de sorte que ce bon Pere trouvoit chez luy de quoy vivre à la maniere des Sauvages, comme le vin nous avoit manqué pour la celebratiõ des Divins Mysteres, nous trouvâmes moyen sur la fin d'Aoust d'avoir des raisins du païs qui commençoient à être meurs, & nous en fimes de fort bon vin qui nous servit à dire la Messe jusques au second desastre qui arriva peu de jours aprés, les grapes de ces raisins sont d'une prodigieuse grosseur, d'un goût fort agreable & les pepins plus gros que ceux de l'Europe.

A l'égard des conversions je ne sçaurois faire fond sur aucune : durant tout ce temps le Pere Gabriel dechifroit un peu la Langue, & je puis dire que

je la parlois à me faire entendre des Sauvages sur tout ce que je voulois, mais il y a tant d'éloignement de la Foi parmy ces Barbares, un esprit si brutal & si bouché, des mœurs si corrompues & opposés au Christianisme, qu'il faudra bien du temps pour esperer quelque fruit, il est pourtant vray que j'en ay trouvé plusieurs d'une humeur assez docile, nous avons baptisé quelques enfans moribons, & deux ou trois autres personnes mourantes qui nous temoignerent avoir quelques dispositions. Comme ces peuples sont tous materiels, ils se seroient laissé baptiser si on avoit voulu, mais sans aucune connoissance du Sacrement nous en avons trouvé deux qui s'étoient attachez à nous, & nous avoient promis de nous suivre
par

par tout : nous crûmes qu'ils nous tiendroient parole, & que par ce moyen nous assurerions leurs baptêmes mais j'en ay eu beaucoup de scrupule depuis que j'appris qu'un Sauvage nommé Chassagouache qui avoit esté baptisé estoit mort entre les mains des Jongleurs, abandonné aux superstitions & par consequent *duplo filium gehennæ*. Nous suivions durant l'Esté nos Sauvages dans leurs Camps & à la chasse. Je fis aussi un voyage aux Myamis pour apprendre quelque chose de leurs dispositions, de là j'allay visiter d'autres Villages des Ilinois, tout cela sans beaucoup de succés, ne trouvant que des sujets de chagrins, sur l'état déplorable & l'aveuglement de ces Nations, je ne sçaurois exprimer tout ce qui en est.

Q

Jusques-là nous joüissions d'une assez grande paix pendant neanmoins qu'à nostre insçeu tout se preparoit à une cruelle guerre. Lorsque nous êtions encore l'année derniere au Fort de Frontenac le sieur de la Salle apprit que ses envieux pour traverser son entreprise avoient suscité les Iroquois pour reprendre leurs anciennes guerres interrompuës depuis quelques années contre les Illinois. L'on tâchoit en même temps de faire entrer les Myamis dans la même guerre Ce sont des peuples qui demeuroient auparavant au-de-là des Illinois, à l'égard du païs des Iroquois & du Fort de Frontenac: on leur avoit persuadé d'inviter par une ambassade les Iroquois de se joindre à eux contre leurs communs ennemis, ceux qui vinrent traiter cette affaire aux Iroquois estoient chargez de lettres de quelques François mal-intentionnez qui avoient leurs correspondances chez ces peuples, car dans ce temps il y avoit beaucoup de coureurs de bois, le sieur de la Salle se rencontrâ aux Tsonnontoüans à l'arrivée de cette ambassade la conjoncture parut peu favorable, ces Ambassadeurs furent avertis sous main que s'ils ne se retiroient au plus vîte, ils couroient risque de la vie, le sieur de la Salle estant ami des Ilinois, cependant le Myamis quitta son ancien païs, & vint s'établir où il est presentement entre les Iroquois, & les Illinois, nous avons crû depuis que c'estoit à dessein, & qu'ayant à passer par ces deux Nations qui estoient suspectes l'une à

l'autre nous puſſions le deve‐
nir à l'une des deux, & qu'elle
s'oppoſa à noſtre marche. Mon‐
ſieur de la Salle eſtant arrivé
l'année derniere aux Illinois a‐
voit fait la paix entre l'une &
l'autre de ces Nations, mais com‐
me ces peuples ſont inconſtans
& infideles, l'Iroquois & le Mya‐
mis avoient relié depuis con‐
tre l'Ilinois par des moyens
dont on parle fort differem‐
ment.

Quoiqu'il en ſoit environ le
10. Septembre de l'année pre‐
ſente 1680. les Ilinois alliez
des Chaouenons furent avertis
par un Chaouenon qui retour‐
noit en ſon païs du Village des
Illinois, & qui rebrouſſa che‐
min pour donner avis à ceux‐
cy qu'il avoit découvert une
armée d'Iroquois au nombre de
quatre à cinq cens qui eſtoient

déja arrivez sur leurs terres, ceux que les Ilinois envoyerent pour les reconnoistre confirmerent ce que le Chaouenon avoit dit, ajoûtant que le sieur de la Salle y estoit ce qui n'avoit aucun fondement, sinon que le chef des Iroquois avoit un chapeau & une maniere de veste, on parla aussi-tost de casser la teste aux François, mais le sieur de Tonty les détrompa, & pour marquer la fausseté de cette nouvelle, s'offrit d'aller avec le peu de monde qu'il avoit se batre avec eux contre les Iroquois. l'Ilinois avoit envoyé en guerre la plus grande partie de la jeunesse, cependant dés le lendemain on s'avança en campagne au devant de l'ennemi que les Myamis avoient fortifié d'un grand nombre de leurs guerriers, cette multitude effraya les Ilinois neanmoins ils reprirent leurs esprits à la follicitation du fieur Tonty & des François, ils fe mêlerent & fe chamaillerent d'abord, mais le fieur de Tonty ayant fujet de craindre pour les Ilinois qui n'avoient prefque point d'armes à feu, s'offrit de mettre les chofes en negociation & d'aller trouver l'Iroquois en homme pacifique & le calumet à la main, ceux-cy de leurs côte penfant furprendre les Ilinois, & fe voyant loin de leurs efperances par l'état où il les trouvoient en refolution de combattre, n'eurent pas peine à recevoir un homme qui venoit avec le calumet de paix, & qui leur dit que les Ilinois eftoient fes freres amis des François, & fousla protection d'Onontio qui eftoit leur pere commun; j'étois aussi à côté du sieur de Tonty, un Iroquois que j'avois veu au Village des Thesonnontouans me reconnût, ces propositions de paix n'ayant pas plû à quelques jeunes gens à qui les mains demangeoient, nous nous vîmes tout d'un coup chargez d'une quantité de coups de fusils, & de fleches, un jeune Onontaghé s'approcha le coûteau à la main, dont il porta un coup à Monsieur de Tonty prés du cœur, qui heureusement glissâ sur une côte, plusieurs l'entourerent & voulurent l'enlever, ils reconurent à ses oreilles qui n'estoient point percées que c'estoit un François, ce qui fit recrier un des chefs Iroquois à quoy l'on avoit pensé de fraper de la sorte un François qu'il falloit épargner, & tira un collier comme pour arrester le sang & faire une emplastre à sa playe. Neanmoins un jeune étourdi Iroquois ayant mis le chapeau du sieur de Tonty au bout d'un fusil pour intimider l'Illinois, celuy-cy ayant crû par ce signe que le sieur de Tonty estoit mort nous courûmes risque d'avoir tous la teste coupée, mais les Iroquois nous ayant dit de nous presenter pour arrester les deux armées nous le fimes, les Iroquois accepterent le calumet & firent mine de se retirer, mais à peine l'Illinois fut arrivé à son Village, que l'Iroquois parût sur les côteaux qui estoient vis-à-vis.

Ce mouvement obligea le sieur de Tonty & les chefs de la Nation dé me deputer auprés de ces Barbares pour en apprendre la raison, cette ambassade n'estoit

n'eſtoit pas fort agreable auprés
d'une Nation barbare qui avoit
les armes à la main, ſur tout
aprés le hazard que j'avois déja couru, cependant je me re-
ſolus & Dieu me preſerva de
tous malheurs, je m'abouchai
avec eux, ils me traiterent fort
humainement, & me dirent enfin que la raiſon de leur approche eſtoit qu'ils n'avoient rien
à manger, j'en fis mon rapport
aux Ilinois qui leur donnerent
de quoy ſe raſſaſier, leur pro-
poſant même de traiter de leurs
caſtors, & autres pelleteries,
qui ſont en abondance dans toutes ces contrées. Les Iroquois en
demeurerent d'accord, des ô-
tages furent donnez de part &
d'autre, & j'allay avec un Ilinois au Camp de l'ennemi où
nous couchâmes, les Iroquois
vinrent en plus grand nombre

dans celuy des Ilinois, pousserent même jusques au Village, y firent des hostilitez jusques a déterrer les morts; & gaster les bleds d'Inde, enfin ceux-cy qui ne demandoient que querelle sous apparence de paix, se fortifierent dans le Village. Les Ilinois dès les premiers avis de guerre avoient fait defiler leurs familles au de-là d'un côteau pour les mettre à couvert & gagner de-là le Fleuve Missisipi, si bien que les Iroquois trouverent le Village vuide. Les guerriers Ilinois se retirerent par troupe sur les côteaux & se dissipoient même peu-à-peu, si bien que nous voyant ainsi abandonez de nos hôtes qui ne paroissoient plus en grand nombre, & que nous demeurions seuls exposez à la fureur d'un ennemi barbare &

victorieux, nous ne fûmes pas long-temps à prendre le party de noſtre retraite, le Reverend Pere Gabriel, le Sieur de Tonty & le peu de François qui eſtoient avec nous. Nous nous mîmes en marche le 18. Septembre ſans vivres, ſans proviſions & ſans rien, & dans un fort mechant Canot d'écorce, lequel s'eſtant briſé & caſſé dés le lendemain, nous fûmes contrains de mettre à terre ſur le midy pour le racommoder, le Pere Gabriel voyant l'endroit du débarquement tres-propre à ſe promener dans des prairies & des côteaux avec des petits bocages, comme s'ils euſſent eſté plantez à la main, s'y retira en diſant ſon Breviaire pendant que nous travaillions au Canot, tout le reſte du jour, nous eſtions bien à huit lieuës du Village en remontant la riviere. Sur le soir j'allay chercher le Pere voyant qu'il ne revenoit pas: tout noftre monde en fit de même, on tira plufieurs coups de fufils, pour l'avertir, mais en vain, & comme nous avions fujet de craindre l'Iroquois durant la nuit, nous paffâmes la riviere de l'autre bord, & nous y fimes des feux qui furent auffi inutiles. Le lendemain à la pointe du jour nous retournâmes du même côte où nous eftions la veille, & nous demeurâmes jufques à midy à faire toutes les perquifitions poffibles. Nous entrâmes dans le bois où nous remarquâmes plufieurs fentiers fraichement battus auffi bien que dans la prairie fur le bord de la riviere. On les fuivit chacun de fon côté fans rien découvrir, finon que Monsieur de Tonty eût sujet de croire & de craindre que quelques troupes des ennemis ne fussent cachées en embuscade pour nous égorger tous tant que nous estions ; car nous ayant vû prendre la fuite, ces Barbares s'estoient imaginé que nous nous declarerions pour l'Ilinois. Je voulois absolument demeurer là pour attendre & avoir des nouvelles certaines, mais le sieur de Tonty me força de m'embarquer sur les trois heures, pretendant que ou bien le pere avoit esté tué par l'ennemi ; ou bien il estoit allé devant à pied sur la rive, & qu'en suivant toûjours terre à terre, nous le rencontrerions infailliblement, mais nous n'en eûmes aucunes nouvelles, plus nous avancions plus cette affliction nous rendoit à demy morts, & nous ne foûtenions ce refte de vie languiffante que par quelques pommes de terre, de l'ail, & d'autres racines que nous trouvions en gratant la terre avec nos doits.

Nous avons fçeu depuis que nous aurions attendu le Pere inutilement, puifqu'il avoit efté tué peu de temps aprés qu'on l'eût mis à terre, les Kixapous petite Nation que l'on remarque à l'Oüeft & affez prés de la Nation des Püants avoient envoyé de leur jeuneffe en guerre contre les Iroquois, mais apprenant que ceux-cy eftoient en guerre aux Ilinois cette jeuneffe les venoit chercher, trois d'entre eux qui faifoient comme l'avantgarde ayant rencontré ce bon Pere à l'écart, quoy qu'ils fçeuffent bien que ce n'estoit pas un Iroquois, ne laisserent pas de l'assommer, jetterent son corps dans un trou, emporterent jusques à son Breviaire, & son Diurnal qui tomba peu de temps aprés entre les mains d'un Pere Jesuite, ils enleverent la chevelure de ce saint homme, & en firent triomphe dans leur Village comme de la chevelure d'un Iroquois. Ainsi mourût cet homme de Dieu par les mains d'une jeunesse insensée. Nous pouvons dire de son corps, ce que l'Ecriture remarque de ceux que le cruel Herode immola à sa fureur, *& non erat qui sepeliret*, il meritoit sans doute un meilleur sort, si toutefois l'on en peut souhaiter un plus heureux devant Dieu, que de mourir dans l'exercice des fonctions

Apoſtoliques par les mains des Nations auſquelles on eſt deſtiné de Dieu. Il n'avoit pas ſeulement vêcu en Religieux d'une vertu commune & ordinaire, l'on ſçait que la même ſainteté de vie qu'il avoit montré en France, Superieur & inferieur & maiſtre des Novices, il l'avoit toûjours ſoûtenu en Canada depuis 1670. Il y avoit longtemps qu'il me temoignoit dans certains tranſports de ferveur, & dans la douleur extrême qu'il reſſentoit du profond aveuglement de ces peuples, qu'il auroit bien ſouhaité d'eſtre anatheme pour leur ſalut, je ne doute pas que ſa mort n'ait eſté precieuſe devant Dieu, & qu'elle n'ayt un jour ſon effet pour la vocation de ces peuples à la Foi, quand il plaira à Dieu d'uſer de ſa grande miſericorde.

Il faut avoüer que ce bon vieillard tout extenué auſſi bien que nous, par la diſette de toute choſe n'auroit pû reſiſter aux fatigues qu'il nous fallut ſoûtenir depuis ce temps là. Les ſieurs de Tonty & de Bois-Rondel, & deux autres François avec moy nous avions encore plus de 80. lieuës à faire juſques au Pouteouatanis. Noſtre Canot nous manquoit ſouvent & faiſoit eau de tous côtez. Il fallut le laiſſer dans le bois aprés quelques jours de marche, & faire le reſte du voyage par terre, nous marchions nuds pieds dans la nege, & ſur la glace. Je fis des ſouliers à mes Compagnons & à moy du manteau du Pere Gabriel. Comme nous n'avions point de Bouſolle, nous nous égarions frequemment, & nous nous

trouvions le foir d'où nous é-
tions parti le matin fans autres
alliments que des glands &
des petites racines, enfin aprés
quinze jours de marche nous
tüames un chevreüil, qui nous
fût d'un grand fecours. Le fieur
de Bois-Rondet nous perdit &
fût pour le moins dix jours que
nous le penfions mort. Comme
il avoit une écüelle d'eftain, il
la fit fondre, s'en fervir de bal-
les à fon fufil, qui n'avoit
point de pierre à feu. Il y métoit
le feu avec un tifon pour tirer
fur des Coqs d'Inde, dont il fe
nourrit durant ce temps. Enfin
nous nous rencontrâmes heu-
reufement au Village des Pou-
teoutanis, où leur chef Onan-
ghiffé affez connu parmy ces
Nations nous fit tout l'accüeil
poffible. Il avoit coûtume de
dire qu'il ne connoiffoit que

trois grands Capitaines, Monsieur de Frontenac, Monsieur de la Salle, & luy. Ce chef harangua tous ceux de sa nation, qui contribuerent à nous fournir des vivres, pas un de nous ne pouvoit se soûtenir de foiblesse, nous estions comme des squelettes, le sieur de Tonty fût malade à l'extremité : mais estant un peu rétabli, je trouvay l'occasion de quelques Sauvages qui alloient à la Baye des Püants, où les Peres Jesuites ont une maison, je partis donc pour y aller, l'on ne peut pas exprimer les fatigues qu'il me fallut encore soûtenir dans la route. Le sieur de Tonty nous y suivit quelque temps aprés avec les François. Nous ne pouvons assez reconnoistre la charité dont ces bons Peres en userent à nostre égard, jusques à ce que à la fonte des glaces nous en partîmes avec le Pere Enjalran en Canot pour Miffilimakinak, efperant d'y trouver des nouvelles du Canada.

Depuis les Ilinois nous avions toûjours fuivi la route du Nord, fi Dieu avoit permis que nous euffions pris la route du Sud au Lac Dauphin, nous aurions trouvé le fieur de la Salle qui venoit avec des Canots bien équipez qui étoient partis du Fort de Frontenac & allez par le Sud aux Ilinois, où il croyoit nous trouver avec tous fes gens en bon ordre comme il nous y avoit laiffez, lors qu'il en partit l'année precedente, le 2. Mars 1680.

Il nous l'apprit luy-même lors qu'il arriva à Miffilimakinac à la my-Juin, où il nous trouva un peu rétablide nos fatigues, je laisse à penser quelle fut nostre joye reciproque, quoique beaucoup traversee par le recit qu'il nous fit de tous ses malheurs, & celuy que nous luy faisions de nos avantures tragiques. Il nous apprit qu'aprés nostre départ du Fort de Frontenac, l'on avoit suscité ses creanciers avant le temps pour luy saisir tous ses biens & tous ses effets sur le bruit que l'on avoit fait courir qu'il avoit été noyé avec tous ses gens: il nous raconta que son Navire le Griffon avoit péri dans les Lacs peu de jours aprés son départ de la Baye des Puants, que le Pilote, les Matelots & pour plus de dix mille écus de Marchandises estoient perdus sans que l'on en eut aucune nouvelle: Il avoit envoyé de petites flotes de Canots en traittes à droit & à gauche dans le Lac de Frontenac. Il nous dit que tous ces miserables avoient profité du principal & de la traite sans qu'ils eussent pû en obtenir aucune justice des personnes à qui il appartenoit de la rendre, quelques instances que Monsieur de Frontenac Gouverneur eût faites en sa faveur. Que pour comble de malheur, un Vaisseau venant de France chargé de vingt-deux mille livres de Marchandises pour son compte, avoit péri dans la grande Baye de saint Laurent aux Isles de saint Pierre; que des Canots montans de Mont-Royal au Fort de Frontenac, chargez de Marchandises s'étoient perdus dans les rapides: enfin qu'à l'exception de Monsieur le Comte de Frontenac il sembloit que tout le Canada eût conjuré contre son entreprise : que l'on avoit débauché ses gens qu'il avoit amenez de France, dont une partie s'estoit échapée avec ses effets par la nouvelle Hollande; & qu'à l'égard des Canadiens qui s'estoient donnez à luy, l'on avoit trouvé moyen de les dégoûter & de les détacher de ses interests.

Quoy qu'il fût parti du Fort de Frontenac dans sa Barque le 23. Juillet 1680, il fut arresté sur le Lac par les vents contraires, en sorte qu'il ne pût arriver au détroit du Lac de Conty que sur la fin du mois d'Aoust. Tout paroissoit s'opposer à son entreprise, il s'embarqua au commencement de Septembre, sur le Lac de Conty il fut arresté avec Monsieur de la Foreſt ſon Lieutenant & tous ſes gens à Miſſilimakinak, ne pouvant obtenir du bled-d'Inde, ny pour argent, ny pour Marchandiſes ; mais enfin comme il en avoit beſoin neceſſairement, il fut obligé après trois ſemaines de ſejour d'en traiter pour de l'eau de vie, & il en trouva ſoixante ſacs dans un jour.

Il en eſtoit party le quatriéme Octobre, arrivé le 28. Novembre à la Riviere des Miamis, où il laiſſa un Charpentier de Navire avec quelques uns de ſes gens, & ayant pris les devants, il eſtoit arrivé aux Ilinois le premier Decembre, bien ſurpris de trouver leur grand Village brûlé, & vuide de monde. Le reſte du temps ſe paſſa en voyage à la riviere des Miamis, où il alla rejoindre

dre son monde à 40. lieuës des Ilinois Delà il passa à differentes Nations entr'autres à un Village Outagamis, où il trouva quelques Ilinois, qui luy apprirent les malheureuses avantures de l'année precedente.

Il aprit de surplus qu'en suite de nostre déroute & de nostre départ des Ilinois, leurs guerriers estant revenus des Nadouessious où ils estoient allez en guerre, il y eut plusieurs combats avec perte égale de part & d'autre & qu'enfin des dix sept Villages Ilinois la plus grande partie s'estoit retirée au delà du Fleuve Colbert, chez les Ozages, à deux cens lieuës de leur païs, où une partie des Iroquois les avoient poursuivis.

En mesme temps le sieur de la Salle s'intrigua auprés des chefs Outagami, qu'il fit entrer dans ses interests & dans ceux de l'Ilinois. Delà il passa aux Miamis, qu'il persuada par presens & par raisons de se détacher de l'Iroquois & se joindre à l'Ilinois : il députa deux de ses gens avec deux Sauvages Abenaquis, pour en donner avis aux Ilinois afin d'empescher de nouveaux actes d'hostilitez, & de faire rappeller leurs nations dispersées. Pour fortifier d'autant plus les uns & les autres il députa avec des presens vers les Chaoüennons, pour les inviter à venir se joindre aux Ilinois contre les Iroquois qui portoient la guerre jusques chez ces Peuples. Tout cela avoit heureusement réüssi, lorsque Monsieur de la Salil partit le 22. May 1681. pour venir à Missilimakinak, où il se doutoit bien que nous serions. C'est une necessité absoluë si l'on veut s'établir dans ces païs là, & y faire quelque progrés pour la Foy d'entretenir toutes ces Nations en paix & en union, aussi bien que les autres qui sont plus éloignées contre l'ennemy commun, c'est-à-dire l'Iroquois qui ne fait jamais de paix veritable avec ceux qu'il a une fois batus, ou qu'il espere de vaincre par la division qu'il jette fort adroitement, si bien que nous serions tous les jours exposez à des déroutes semblables à celle qu'il nous fallut soutenir l'année precedente. Monsieur de la Salle penetrant bien cette necessité, a acheté depuis nostre retour tous le païs des Ilinois, où il a donné des Cantons aux Chaoüenons, qui y peuplent de grandes familles.

Le sieur de la Salle nous racontoit tant de fatigues & de voyages qu'il avoit faits, & tous les malheurs qui luy estoient arrivez; il en apprenoit de nous tant d'autres qui le regardoient, sans que jamais j'aye remarqué en luy la moindre alteration, paroissant toûjours dans son froid & sa possession ordinaire: tout autre que luy auroit quitté la partie & abandonné l'entreprise; mais bien loin de cela par une fermeté d'esprit, & une constance qui n'en a guere eû de semblable, je le vis plus resolu que jamais de continuer son ouvrage & de pousser sa découverte: nous partîmes donc pour le Fort de Frontenac avec toute sa troupe, afin d'y prendre de nouvelles mesures pour reprendre & achever nostre course avec le secours du ciel auquel nous mettions toute nostre confiance.

CHAPITRE XXIII.

Le Sieur de la Salle poursuit & acheve sa découverte depuis les Ilinois par le Fleuve Colbert jusques au Sein Mexique, & son retour au Canada.

Comme je ne remarque rien de considerable dans les preparatifs nouveaux qu'il fallut faire pour cette seconde entreprise, non plus que dans le voyage du sieur de la Salle & du Pere Zenobe depuis Missinimaxinac jusques au Fort de Frontenac, & depuis le Fort de Frontenac jusques aux Myamis & aux Ilinois. Je retrancheray icy ceque le Père Zenobe nous en dit dans sa Relation pour ne pas occuper le Lecteur inutilement.

Il faut seulement observer que le sieur de la Salle voyant que toutes les tentatives qu'il avoit faites pour aller en barque depuis les Ilinois jusques à la Mer, avoient échoüé, & que toutes ses grandes dépenses estoient devenuës inutiles, resolut de poursuivre en Canot le reste de sa découverte. A cet effet comme il venoit de laisser du monde aux Ilinois & aux Myamis, quelques François se joignirent encore à luy. La nation appellée des Loups, dont il a esté parlé, & celle des Abenaquis qui font deux Nations fort guerrieres & pleines de refolution, comme les Anglois l'ont éprouvé de tout temps, luy parurent les plus propres pour le feconder dans fon deffein. Il en choifit quelques-uns des plus braves. Il s'aboucha auffi avec fes creanciers, & ayant ramaffé ce qui luy reftoit d'effets, il les contenta en partie, s'accommoda pour le refte qui demeuroit toûjours hypothequé fur le Fort de Frontenac, les terres & le commerce de ce grand païs, dont il leur laiffa la liberté; il en reçeut même de nouveaux fecours. Il defcendit à Mont-Royal, où Monfieur de Frontenac n'ayant pû fe trouver, il avoit envoyé Monfieur Barrois fon Secretaire, homme confommé dans les affaires, autrefois Secretaire d'ambassade : ils concerterent ensemble sur les mesures qu'il y avoit à prendre, & enfin le sieur de la Salle remonta au Fort d'où il partit aussi-tost pour suivre le Pere Zenobe & la plus grande partie de ses gens qui avoient gagné les devants par son ordre.

Nous avons dit que le Lac de Conty se décharge dans celuy de Frontenac par un Canal de 14. ou 15. lieuës, & par un saut ou une cheûte d'eau qui tombe de 100. toises de haut. Le courant de ce Canal est rapide extraordinairement. Un de ces Canots s'estant mis à l'eau un peu au dessous de l'embouchure du Lac, fut emporté par le courant, mais l'on sauva le monde & les marchandises. Cet accident

accident n'apporta qu'un jour de retardement, enfin le sieur de la Salle aprés avoir envoyé de nouveaux ordres au sieur de la Forest Commandant du Fort de Frontenac, & laissé du monde au Fort de Conty, s'embarqua sur le Lac de Conty le 28. d'Aoust de l'année 1681, & arriva au commencement de Novembre à la riviere des Myamis. C'est en cet endroit que nous allons reprendre mot à mot ce qu'il y a de plus essentiel dans la suite de la Relation du Pere Zenobe, qui paroist même extraite des Memoires du Sieur de la Salle qui l'accompagnoit.

 Monsieur de la Salle estant arrivé à bon port le 3. Novembre aux Myamis s'appliqua avec son activité ordinaire & sa grande étenduë d'esprit à disposer toutes les choses necessaires à son départ. Il choisit vingt-trois François & dix-huit Sauvages bien aguerris, tant Mahingans ou Loups, qu'Abenaquis, ils voulurent mener avec eux dix de leurs femmes pour leur apprêter à manger selon leur coûtume pendant qu'ils seroient à la chasse ou à la pesche, & ces femmes conduisirent avec elles trois enfans, ainsi toute la troupe ne fût composée que de 54. personnes entre lesquelles étoit le sieur de Tonty & le sieur Dautray fils du feu sieur Bourdon Procureur General de Quebec.

Le 21. Decembre je m'embarquay avec le sieur de Tonty & une partie de nos gens sur le Lac Dauphin pour aller vers la riviere divine appellée par les Sauvages Checagou, afin d'y preparer les choses necessaires pour le voyage. Le sieur de la Salle nous y joignit avec le reste de sa troupe le 4. Janvier 1682, & trouva que le sieur de Tonty avoit fait faire des trainaux pour y mettre tout l'équipage & le passer sur le Checagou qui estoit glacé; car dans ces endroits, quoique l'hyver n'y dure que deux mois, il ne laisse pas d'y estre rude.

Il y a un portage à faire pour entrer dans la riviere des Illinois que nous trouvâmes aussi glacé; nous le passâmes le 27. du même mois, trainans nos Canots, nos bagages, & provisions environ 80. lieuës de chemin sur la riviere de Seignelay qui descend au Fleuve Colbert, nous traversâmes le grand Village des Illinois sans y rencontrer personne, les Sauvages estant allé hyverner 30. lieuës plus bas sur le Lac de Pimiteoui, où est scitué le Fort de Creve-cœur que nous trouvâmes en bon état, le sieur de la Salle y laissa ses ordres & comme depuis cet endroit la navigation est libre en tout temps, & sans glace nous nous embarquâmes dans nos Canots, & arrivâmes le 6. Fevrier à l'embouchure de la riviere de Seignelay, scituée au trente-huitiéme degré de latitude.

Les glaces qui derivoient en cet endroit sur le Fleuve Colbert, nous y arresterent jusques au treziéme du même mois que nous en partîmes, & nous trouvâmes à six lieuës plus bas la riviere des Ozages qui vient de l'Oüest & est bien aussi forte que le Fleuve Colbert dans lequel elle se décharge, & qui en est tellement troublé, que depuis l'embouchure de cette riviere l'eau n'est quasi pas potable, les Sauvages nous asseurerent que cette riviere estoit formée de quantité d'autres, & qu'on la remonte dix ou douze journées de chemin jusques à une montagne d'où elles tirent leur source, & qu'au de-là de cette montagne c'est la Mer où l'on voit de grands Navires, qu'elle est peuplée d'une multitude de grands Villages de plusieurs Nations differentes, qu'il y a des terres & des prairies, grande chasse de Bœufs, & de Castors : quoyque cette riviere soit fort grosse, le Fleuve n'en paroist pas augmenté, mais elle y charrie tant de vases, que depuis l'embouchure l'eau du grand Fleuve, dont le lict est aussi fort vaseux, ressemble plûtost à de la bouë claire, qu'à de l'eau de riviere, sans changer du tout jusques à la Mer l'espace de plus de trois cens lieuës, quoyqu'il recoive sept grandes rivieres dont l'eau est tres-belle, & qui sont aussi grandes que Mississipi.

Le 14. à six lieuës de là nous trouvâmes à l'Est le Village des Tamaroa qui estoient allez à la chasse, nous y laissâmes des marques de nostre venuë en paix & des signes de nostre route, ainsi qu'il se pratique dans ces sortes de voyages, nous allions à petites journées parce que n'ayant pû porter d'autres provisions que de bled d'Inde, nous estions obligez de faire chasser & pescher presque tous les jours.

dans la Nouvelle France. 219

A 40. lieuës des Tamaroa, l'on trouve la riviere Oüabache, où nous arreſtâmes. Depuis l'embouchure de cette riviere, il faut avancer quarante deux lieuës ſans s'arreſter à cauſe que les rivages ſont bas, marécageux, & pleins d'écume fort épaiſſe de joncs & de Noyers.

Le 24. ceux que nous avions envoyez à la chaſſe eſtant revenus à l'exception du nommé Pierre Prudhomme, les autres rapporterent qu'ils avoient vus des piſtes de Sauvages, cela fit craindre que noſtre François n'eût eſté pris ou tué; ce qui engagea le ſieur de la Salle de faire conſtruire un Fort & un retranchement, & de mettre des Sauvages avec des François ſur ces piſtes, perſonne ne s'y épargna juſques au premier

T iiij

Mars, que Gabriel Minime & deux Loups ayant découverts cinq Sauvages, en prirent deux ils se dirent de la Nation des Sicacha, & que leur Village étoit à une journée & demye de là. Aprés leur avoir fait toutes les carresses, je partis avec le sieur de la Salle, & la moitié de son monde, pour y aller dans l'esperance d'apprendre des nouvelles de Prudhomme, mais aprés avoir marché ce terme, nous témoignâmes aux deux Sauvages que nous étions fâchez de ce qu'ils mentoient, ils nous dirent franchement qu'il y avoit encore trois journées (ces Sauvages comptent ordinairement dix ou douze lieuës pour une journée) nous retournâmes au Camp & l'un de ces deux Sauvages s'estant offert à rester, & l'autre à porter la nouvelle au Village, le sieur de la Salle luy donna quelques marchandises, il partit aprés nous avoir fait entendre que nous trouverions leur Nation en descendant sur le bord du Fleuve.

A la fin Prudhomme, qui s'estoit égaré fût retrouvé le neuviéme jour & ramené au Fort, en sorte que le lendemain estant parti d'un temps de Brûme, & ayant navigé 45. lieuës jusques au troisiéme Mars, nous entendîmes sur la droite battre le Tambour, & faire des Sasacoüest, ayant reconnu que c'estoit un Village des Axansa. Le sieur de la Salle passa aussi-tost avec tout son monde de l'autre bord, où à moins d'une heure il fit construire une redoute retranchée sur une pointe avec des pieus & des arbres abatus pour éviter toute surprise, & pour donner aux Sauvages le temps de se rassurer. Il fit après avancer quelques-uns des siens sur le bord de la riviere d'où ils convierent les Sauvages de venir à nous. Leurs chefs envoyerent une Pirogue (ce sont de grands Canots de bois formez d'un arbre creusé à la maniere de petits bateaux) qui vint à la portée du fusil. On leur presenta le calumet de paix, & deux Sauvages s'estant avancez invitoient par leurs gestes les François d'aller à eux, le sieur de la Salle y envoya un François & deux Abenaquis, qui furent reçûs & regallez avec beaucoup de marque d'amitié. Six des principaux les reconduisirent dans la même Pirogue & entrerent dans la redoute, où le sieur de la Salle leur fit des presens de Tabac & quelques marchandises. Ils nous donnerent de leur part quelques esclaves, le plus considerable des chefs nous convia d'aller au Village pour nous rafraichir, à quoy l'on consentit volontiers.

Tous ceux du Village excepté les femmes qui avoient d'abord pris la fuite, vinrent au bord du Fleuve nous recevoir. L'on nous y bâtit des cabannes, on nous apporta du bois à brûler, des vivres en abondance, on nous fit des festins continuels durant trois jours, les femmes estant revenuës nous apporterent du bled d'Inde, des feves, de la farine, & des fruits de diverses sortes, & on leur fit d'autres petits presens en reconnoissance qu'elles admirerent fort.

Ces Sauvages ne ressemblent pas à ceux du Nord qui sont tous d'une humeur triste & severe. Ceux-cy sont beaucoup mieux faits, honnestes, liberaux, & d'une humeur gaye, la jeunesse même est si modeste, que quoy qu'ils eussent une forte envie de voir le sieur de la Salle, ils se tenoient sans bruit à la porte, & sans oser y entrer.

Nous y vîmes grand nombre de poulles domestiques, des troupeaux de poullets d'Indes; & d'Outardes familiers, diverses sortes de fruits, des pesches déja formées sur les arbres, quoy qu'on ne fût encore qu'au commencement de Mars.

Le 14. du même mois le sieur de la Salle prit possession de ce païs en grande ceremonie, y fit planter une Croix & arborer les armes du Roy dont les Sauvages témoignerent une joye extreme, l'on parle beaucoup aux Sauvages par gestes, & ceux que nous avions avec nous se faisoient un peu entendre en leur Langue. Je pris occasion de leur faire comprendre quelque chose de la verité d'un Dieu & des Mysteres de nostre Redemption dont ils voyoient les armes, ils témoignoient durant ce peu de temps goûter ce que je leur disois, levant les yeux au Ciel & se mettant à genoux par maniere d'adoration, nous les voyons aussi se froter le corps avec les mains, aprés avoir froté la colomne où estoit la Croix: en effet à nostre retour de la Mer nous trouvâmes qu'ils avoient entouré cette Croix d'une palissade, enfin ils nous donnerent des provisions & des hommes pour nous conduire & nous servir d'Interpretes chez les Taensa leurs alliez qui sont éloignez de 80. lieuës de ce Village.

Le 17. nous continuâmes nostre route, & à six lieuës plus bas nous trouvâmes un autre Village de la même Nation des Akansa, & puis un autre trois lieuës au dessous dont les peuples estoient de même, & nous y firent grand accueil, on leur donna des presens & des marques de nostre venuë en paix & en amitié.

Le 22. nous arrivâmes chez les Taensa qui habitent autour d'un petit Lac formé dans les terres par le Fleuve Missisipi, ils ont huit Villages, & les

dans la Nouvelle France. 227

murailles de leurs maisons sont faites de terre mêlée de paille, le toit est de cannes qui font un dôme qui est orné de peintures, ils ont des lits de bois & beaucoup d'autres meubles, & d'embellissement des temples même où ils enterrent les os de leurs Capitaines. Ils sont vêtus de couvertes blanches faites d'une écorce d'arbre qu'ils filent, leur chef est absolu, & dispose de tout, sans consulter personne. Il est servi par des esclaves, ainsi que tous ceux de sa famille. On luy apporte à manger hors de sa cabanne ; on luy donne à boire dans une tasse particuliere avec beaucoup de propreté, ses femmes & ses enfans sont traitez de même, & tous les autres Taensa luy parlent avec respect & avec ceremonie.

Le sieur de la Salle estant fatigué & ne pouvant luy-même aller dans le Bourg, nous y envoya le sieur de Tonty & moy avec des presens, le chef de cette Nation ne se contenta pas de luy envoyer quantité de vivres & autres presens. Il voulut aussi le voir, & pour cela un maistre des ceremonies vint deux heures devant, suivi de six autres hommes, à qui il fit nettoyer le chemin par où il devoit passer, preparer une place & la couvrir d'une natte de Cannes délicatement travaillée, le chef qui arriva ensuite estoit vêtu d'une belle nappe ou couverture blanche, deux hommes le precedoient, portans des éventails de plumes blanches. Un troisiéme portoit une lame de cuivre, & une plaque ronde de même matiere, toutes deux tres-

tres-polies. Il conserva un maintien extraordinairement grave en cette visite qui fût neanmoins pleine de confiance, & de marques d'amitié.

Tout ce païs est garni de Palmiers, de Lauriers de deux sortes, de Pruniers, de Peschers, de Meuriers, de Pommiers, de Poiriers de toutes sortes d'especes. Il y a aussi des Noyers de cinq ou six sortes, dont quelques-uns portent des noix d'une grosseur extraordinaire. L'on nous fit goûter de plusieurs natures de fruits secs que nous trouvâmes fort bons, & gros, l'on y voit aussi de beaucoup d'autres especes d'arbres fruitiers dont je n'ai point vû en Europe, la saison trop peu avancée ne nous permit pas d'en reconnoistre les fruits, nous y remarquâmes des vignes qui avoient passées leur fleur, au reste l'esprit & l'humeur de ces peuples nous parût docile, & traitable, & même capable de raison. Je leur faisois entendre tout ce que je voulois sur nos Mysteres. Ils concevoient assez bien la necessité d'un Dieu qui a tout fait, & qui gouverne tout, ils attribuent cette Divinité au Soleil, l'on pourra y avancer beaucoup la Religion, aussi bien qu'aux Akansa, tous ces Peuples estant à demy policez.

Les guides ne voulurent pas aller plus loin craignant de tomber entre les mains de leurs ennemis, car les peuples qui habitent un des rivages sont communement ennemis de ceux de l'autre. Ils ont quarante Villages à l'Est, & trente quatre à l'Oüest, dont on nous donna tous les noms.

Le 26. Mars reprenant noſtre navigation, nous apperçûmes à douze lieuës plus bas une pirogue ou Canot de bois à qui le ſieur de Tonty donna chaſſe, juſques à ce que approchant du rivage nous découvrîmes un grand nombre de Sauvages. Le ſieur de la Salle ſuivant ſa précaution ordinaire, gagna le rivage oppoſé d'où il leur envoya porter le calumet de paix par le même ſieur de Tonty, quelques-uns des principaux traverſerent le Fleuve pour venir à nous en bons amis, c'eſtoient des peſcheurs de la Nation des Nachié, ennemis des Taenſa, quoyque leur Village fût à trois lieuës dans les terres, nous ne laiſſâmes pas d'y aller le ſieur de la Salle & moy avec une partie de ſon monde, nous y couchâmes, & y reçûmes tout le bon accüeil que l'on peut souhaiter ; le sieur de la Salle dont le seul air, les manieres engageantes & l'esprit adroit, s'attire également l'amour & le respect imprima de si grands sentimens dans le cœur de ces peuples, qu'ils ne sçavoient quelle chere nous faire. Ils auroient bien voulu nous retenir avec eux, & même pour marque de leur estime, ils firent avertir à toute nuit les Koroa leur allié, dont le chef & les principaux se trouverent le lendemain au Village, où ils rendirent leur obeïssance au Roy des François dans la personne du sieur de la Salle qui sçavoit parfaitement bien faire valoir par tout la puissance & la gloire de la Nation.

Aprés avoir planté les armes du Roy sous la Croix & fait des présents aux Nachié, nous retournâmes au Camp le lendemain avec les principaux du Bourg & le chef des Koroa qui nous accompagna jusques dans son Village, scitué dix lieuës au dessous sur une agreable côteau entouré, d'un côté de grandes terres à bled, & de belles prairies de l'autre. Ce chef presenta un calumet au sieur de la Salle, le regalla avec tous ses gens, on y répondit de même que par tout ailleurs, ils nous dirent qu'il y avoit encore dix journées jusques à la Mer.

Le Sicacha qui nous avoit conduit jusques là eût permission de rester au Village d'où nous partîmes le 29 Mars jour de Pâques, après avoir celebré les Divins Mysteres avec les François & satisfait aux devoirs des bons Chrestiens. Car nos

Sauvages quoyque des plus a-
vancez & des plus inſtruits,
n'en eſtoient pas encore capables.

Environ 6. lieuës au deſſous,
le Fleuve ſe diviſe en deux bras
ou chenaux formants une grande Iſle qui doit eſtre de plus de
60 lieuës, nous ſuivîmes
le Canal de la droite quoyque
nous euſſions deſſein de prendre
l'autre, que nous paſſâmes dans
une grande Brume ſans le voir,
nous avions avec nous un guide qui nous le montroit par
ſigne, mais le Canot où il eſtoit
eſtant alors derriere, ceux qui
le menoient, negligerent ce que
ce Sauvage leur diſoit pour
s'efforcer de nous atteindre, car
nous avions de beaucoup ga-
gnez les devants, l'on nous aſ-
ſura que dans cet autre Canal
l'on y rencontre dix Nations

differentes qui font toutes bien
peuplées & de fort bonnes gens.

 Le 2. d'Avril aprés avoir navigé quarante lieuës, nous apperçûmes des pefcheurs fur le bord du Fleuve qui prirent la fuite & auffi-toft aprés l'on entendit des Safacoüeft, c'eft-à-dire des cris de guerre, & battre le Tambour, c'eftoit la Nation des Quinipiffa, quatre François furent deputez pour leur prefenter le calumet de paix avec ordre de ne point tirer, mais il fallut s'en revenir au plus vifte, parce que ces Sauvages leurs décocherent quantité de fleches, quatre de nos Mahingans ou Loups qui y furent aprés, n'eurent pas un meilleur accüeil, ce qui obligea le fieur de la Salle de pourfuivre fon chemin, jufques à deux lieuës de là, nous entrâmes dans un Village des Tangibao qui avoit esté sacagé & pillé tout recemment, nous y trouvâmes trois cabannes remplies d'hommes morts depuis environ 15. ou 16. jours.

Enfin aprés une navigation d'environ 40. lieuës, nous arrivâmes le 6. Avril à une pointe où le Fleuve se divisoit en trois chenaux. Le sieur de la Salle partagea le lendemain son monde en trois bandes pour les aller reconnoistre. Il prit celuy de l'Oüest, le sieur Dautray celuy du Sud, & le sieur de Tonty que j'accompagnay celuy du milieu, ces trois chenaux estoient beaux & profonds, l'eau estoit Somare au bout de deux lieuës, nous la trouvâmes tout-à-fait salée, & avançans toûjours, nous decouvrions la pleine Mer, de sorte que le 9. Avril

9. Avril nous fîmes la ceremonie avec le plus de solemnité qu'il nous fût possible, de planter la Croix & arborer les armes de France, aprés que nous eumes chanté l'Hymne de l'Eglise *Vexilla Regis*, & *le Te Deum*, le sieur de la Salle prit au nom de Sa Majesté possession de ce Fleuve de toutes les rivieres qui y entrent, & de tous les païs qu'elles arrosent L'on dressa un acte authentique signé de tous tant que nous estions, & au bruit & décharge de tous les fusils, l'on mit en terre une plaque de plomb, où les armes de France & les noms de ceux qui venoient de faire la découverte estoient gravez. Le sieur de la Salle qui portoit toûjours une Astrolabe, prit la hauteur de cette embouchure, quoy qu'il s'en soit reservé le

point precis, nous avons connu que ce Fleuve tombe dans le Golphe de Mexique entre le 27. & 28. degré de latitude, & comme l'on croit à l'endroit où les Cartes marquent le Rio Escondido. Cette embouchure est éloignée d'environ 30 lieuës de Rio Brave, de 60. de Rio de Palmas & de 90, ou 100 lieuës de Rio de Panuco où est la plus prochaine habitation des Espagnols sur la côte. Nous estimions la Baye du Saint Esprit au Nord est de nostre embouchure ; nous sommes toûjours allez depuis la riviere des Illinois au Sud, & Sud Oüest, le Fleuve serpente un peu, conserve jusques à la Mer sa largeur de prés d'un quart de lieuë, est fort profond par tout sans aucun banc, ny rien qui empesche la navigation, quoy que l'on aye publié au contraire. On eſtime ce Fleuve de huit cens lieuës de profondeur, nous en avons fait pour le moins trois cens cinquante depuis l'embouchure de la riviere de Seignelay.

Les vivres nous avoient manqué, nous trouvâmes ſeulement quelques viandes boucanées auprés de noſtre embouchure, dont nous nous ſervîmes pour ſatisfaire à la groſſe faim, mais peu aprés on remarqua que c'étoit de la chair hūmaine, ſi bien que nous laiſſâmes le reſte à nos Sauvages, elle ſe trouvoit fort bonne & délicate. Enfin le 10. Avril nous commençâmes à remonter le Fleuve, ne vivant que de pommes, de terre & de Crocodils. Le païs eſt ſi bordé de cannes, & ſi bas en cet endroit, qu'on ne pouvoit chaſfer fans fe retarder beaucoup. Le 12. nous couchâmes au Village de Tangibao, & comme le fieur de la Salle vouloit avoir du bled de gré ou de force. Nos Abenaki s'apperçurent le 13. en avançant noftre route, qu'il y avoit grande fumée affez proche, on jugea que ce pouvoit eftre les Quinipiffa qui avoient tiré des flechesfur nous quelques jours auparavant, ceux qu'on envoya à la découverte nous amenerent 4. femmes de la Nation le matin du 14. & nous allâmes camper vis-à-vis du Village, fur l'aprés diné des Pirogues venoient à nous, à deffein de nous braver, mais le fieur de la Salle s'eftant avancé en perfonne avec le calumet de paix, comme ils refuferent de le recevoir, l'on tira un coup de fufil qui effroya ces Barbares n'ayant jamais vu d'armes à feu. Ils appelloient cela le tonnerre, ne comprenant pas comment il se pouvoit faire qu'un baston de bois jetta du feu, & tua du monde de si loin sans le fraper, ce qui obligea les Sauvages de prendre la fuite, quoy qu'ils fussent en grand nombre armez à leurs manieres. Enfin le sieur de la Salle les suivit de l'autre bord. Il mit une de leurs femmes à terre avec un present de haches, de coûteaux & de rassades, luy faisant entendre que les trois autres la suivroient bien-tost si elle nous faisoit apporter du bled d'Inde. Le lendemain une troupe de Sauvages ayant paru, le sieur de la Salle les alla trouver & conclud la paix avec eux, il reçût & donna des ostages, & fût camper auprés de leurs Village où on nous apporta quelque peu de bled. Nous montâmes enfin au Village, où ces Barbares nous avoient fait aprester un repas à leur mode, ils avoient advertis de leurs alliez & voisins, si bien que comme nous estions à prendre nostre refection dans une grande place, l'on voyoit arriver à la file une confusion de Sauvages armez, les chefs ne laissoient pas de nous faire acüeil, mais nous avions sujet de nous en défier, si bien que chacun des nostres tenoit ses fusils en état, ce que voyant les Sauvages, ils n'oserent attaquer.

Le sieur de la Salle se retira avec tous les gens & les ostages dans son Camp, & rendit les femmes des Quinipissa, le jour suivant avant jour nostre sentinelle avertit qu'on entendoit du bruit parmy les cannes qui bordoient la riviere, le sieur Dautray dit que ce n'estoit rien, mais le sieur de la Salle toûjours allerte ayant encore oüy du bruit cria aux armes, comme l'on entendit aussi-tost des cris de guerre, & décocher des fleches de fort prés, nous fimes grand feu, quoy qu'il plût un peu, le jour vint, & aprés deux heures de combat & la perte de dix hommes des leurs tuez, & plusieurs blessez. Ils prirent la fuite sans que personne de nous eût aucun mal, nos gens avoient envie d'aller brûler le Village de ces perfides, mais la prudence du sieur de la Salle voulut seulement se rendre redoutable à cette Nation, sans la desoler afin de ménager leurs esprits pour le besoin. On ne laissa pas de briser plusieurs de leurs Canots. Ils eſtoient tout proche, mais ils ſe contenterent de fuir, en faiſant la hûée. Nos Sauvages Loups leverent ſeulement deux chevelures.

L'on partit donc le même jour dix-huitiéme Avril ſur le ſoir, & nous arrivâmes le 1. de May au Koroa aprés avoir beaucoup ſouffert faute de vivres, les Koroa avoient eſté avertis par les Quinipiſſa leurs alliez, avoient deſſein de les venger aſſemblé des Sauvages de pluſieurs Villages, faiſans une armée fort nombreuſe qui nous parût ſur les côtes, & qui venoit ſouvent nous reconnoiſtre d'aſſez prés, cette Nation qui nous avoit fait amitié à noſtre deſcente, nous ſurprit aſſez par le changement, mais ils nous en dirent la raiſon, qui nous obligea de nous tenir sur nos gardes. Le sieur de la Salle s'avança même d'une maniere intrepide, en sorte que ces Barbares n'oserent rien entreprendre.

Quand nous y passâmes en descendant, comme nous estions bien pourveus de bled d'Inde l'on en avoit mis en cache une quantité assez prés du Village. Nous le retrouvâmes en bon état, & aprés l'avoir repris nous continuâmes nostre route, mais nous fûmes surpris de voir en cet endroit que le bled d'Inde qui commençoit seulement à sortir de terre le 29. Mars estoit déja bon à manger, & nous apprîmes ensuite qu'il meurissoit en 50. jours. Nous y remarquâmes aussi d'autre bled levé de terre à la hauteur de quatre pouces.

Nous partîmes donc le même jour premier May sur le soir, & aprés avoir reconnu les jours suivans plusieurs Nations differentes, renouvellé nos alliances avec les Taensa qui nous reçûrent parfaitement bien. Nous arrivâmes aux Akansa où nous fûmes reçus de même, nous en sortîmes le 18. Le sieur de la Salle prit les devants avec deux Canots de nos Sauvages Loups, & poussa jusques à 100. lieuës au dessous de la riviere Seignelay où il tomba malade. Nous l'y joignîmes avec tout le reste de la troupe le 2 Juin. Comme sa maladie estoit dangereuse & le reduisoit à l'extremité, hors d'état de pousser plus outre, il fût obligé d'envoyer devant le sieur de Tonty, pour les Illinois & les Miamis, afin de lever nos caches & de mettre toute chose en ordre, destinant ledit sieur pour y commander, mais enfin la maladie du sieur de la Salle qui dura quarante jours, dans laquelle je l'assistay de mon mieux, s'estant un peu diminuée, nous partîmes sur la fin de Juillet à petite journée, arrivâmes sur la fin de Septembre à la riviere des Miamis où nous apprîmes plusieurs expeditions militaires que le sieur de Tonty avoit faites depuis nous avoir quitté, il avoit laissé le sieur Dautray & le sieur Cochois aux Miamis & d'autres gens aux Illinois avec deux cens nouvelles cabannes de Sauvages qui alloient repeupler cette Nation, ledit sieur de Tonty a poussé jusques à Missilimakinac pour rendre compte de plus prés de nostre découverté à Monsieur le Comte de Frontenac Gouverneur de la part de Monsieur de la Salle qui se dispose de retourner sur ces pas à la Mer au printemps prochain avec un plus grand nombre de gens & des familles pour y faire des établissemens.

La riviere de Seignelay est fort belle, sur tout depuis les Ilinois, profonde & large formant deux Lacs jusques à la Mer, bordée de côteaux, couverts de beaux arbres de toutes sortes, d'où l'on découvre de vastes prairies, où paissent les troupeaux de bœufs Sauvages en confusion. La riviere se déborde souvent, & rend le terrain d'alentour marecageux, jusques à 20 ou 30 lieuës de la Mer, le terrain d'alentour est bon, capable de produire tout ce que l'on peut souhaiter pour la vie, on y trouve même du chanvre qui vient naturellement, & beaucoup plus beau que celuy qui croît dans le Canada, tout le païs de cette riviere est charmant dans son aspect.

Il en est de même de ce que nous avons visité dans le Fleuve Colbert ; quand on est arrivé 20, ou 30 lieuës au dessous des Maroa, les bordages sont pleins de cannes jusques à la Mer, à la reserve de 15 ou 20 endroits, où il y a de fort jolis côteaux & des débarquemens commodes & spacieux, l'inondation ne s'étend pas bien loin, & derriere ces bordages noyez l'on découvre les plus beaux païs du monde. Nos chasseurs François & Sauvages en estoient charmez. L'espace de 200 lieuës au moins en longueur, & autant en largeur, comme l'on nous en a asseuré, sont de vastes campagnes de tres-bonnes terres bordées par endroits de côteaux tres agreables, de bois de haute futaye, de plusieurs bocages où l'on peut aller à cheval, tant les chemins sont nets, & nullement embarassez, ces petites forests bordent de même les rivieres qui coupent ces campagnes en divers lieux , & sont fort poissonneuses, les Crocodils y sont dangereux, si bien qu'on n'oseroit s'exposer en de certains endroits, ny même sortir sa main hors du Canot. Les Sauvages nous ont dit que ces animaux entrainoient souvent de leurs gens , quand ils pouvoient les attraper par quelque endroit.

Les Campagnes sont pleines de toutes sortes de gibiers, de

bœufs, sauvages, cerfs, biches, chevreüils, ours, poulles d'Inde, perdris, perroquets, cailles, bécasses, tourtes, pigeons ramiers, il y a aussi des Castors, des Loutres, des Martres, des chats Sauvages, jusques à 100. lieuës au dessous des Maroa sur tout dans la riviere des Mistouri, dans la riviere Ouabache, dans celle des Chepousseau qui est vis-à-vis, & dans toutes les autres moindres sur cette espace, mais nous n'avons point sçeu qu'il y eut des castors du costé de la Mer.

Il n'y a point de bestes farouches qui soient nuisibles à l'homme celles qu'on y appelle Michybichy n'attaquent jamais l'homme quoy qu'elles devorent les bestes quelque fortes qu'elles soient, la teste est sem-

blable à celle d'un Loup Cer-
vier mais beaucoup plus grosse
le corps long & grand, comme
celuy d'un Chevreüil mais
beaucoup plus menu, les jam-
bes aussi plus courtes les pattes
comme celles d'un chat mais
beaucoup plus grosses les griffes
plus fortes & plus longues dont
il se sert pour tuer les bestes
qu'il veut devorer, il en mange
un peu les emporte sur son dos
& cache le reste de sa proye sous
des feüilles sans que les autres
bestes carnacieres y touchent
ordinairement, sa peau, & sa
queuë ressemblent à celle du
Lyon auquel il ne cede qu'en
grosseur.

Les bœufs de ces païs surpas-
sent les nostres en grosseur leur
teste est monstreuse & d'un re-
gard affreux à cause des grands
crins noirs dont elle est environnée

ronnée & qui pendent sous le menton, & le long des jarets de cet animal. Il a sur les vertebres une espece de coste droite dont la plus proche du col est la plus longue, les autres vont en diminuant jusques au milieu du dos, le poil en est fin & ne cede guere à la laine, l'on se couvre des peaux que l'on passe fort proprement avec de la terre qui sert mesme de peinture, ces animaux se laissent approcher & ne fuyent jamais, l'on pourra les rendre familiers.

Il y a un autre petit animal semblable à un rat mais aussi gros qu'un chat qui a le poil argenté meslé de noir, sa queuë est sans poil grosse comme un gros doigt & environ d'un pied de longueur, avec laquelle il se suspend quand il est aux branches des arbres il a une espece de sac sous le ventre où il porte ses petits quand on le poursuit.

Les Sauvages nous ont assuré que du costé de l'Oüest dans les terres, il y a des animaux sur lesquels ils se font porter & qui charient des charges fort pesantes, ils nous les ont dépeints comme des chevaux, ils nous en montrerent deux pieds qui sont effectivement des pieds de cheval.

L'on remarque par tout des bois de toutes sortes d'especes propre à tous les usages, & entr'autres les plus beaux cedres du monde, & une autre nature d'arbre qui jette en abondance une maniere de gomme aussi agreable à brûler que les meilleurs pastilles de France, l'on y remarque aussi par tout des houx, & quantité d'autres arbres dont l'écorce est blanche qui sont assez gros. Les Cottoniers y sont grands, les Sauvages en creusent des Canots de 40 & 50 pieds de long, & en ont quelquefois des flottes de 150 au pied d'un Village, nous avons veu de toutes sortes d'arbres propres à la consruction des Navires. Il y a aussi beaucoup de chanvre pour les cordages, & l'on y pourra faire du goudron singulierement proche la Mer.

L'on y trouve par tout des prairies quelquefois de quinze à vingt lieuës de front & trois ou quatre de profondeur presto à mettre la charuë, bonne terre capable de fournir à de grandes colonies, les faives y viennent naturellement sans semer, & la tige dure plusieurs années portant toujours du fruit, elle croist plus grosse que le bras & monte comme le lierre, jusques à la cime des plus hauts arbres. Les peschers tout semblables à ceux de France y sont fort bons, & si chargez de fruit que les Sauvages sont obliges de soûtenir avec des fourches ceux qu'ils cultivent dans leurs deserts, il y a des forests entieres de fort beaux meuriers dont nous mangions des fruits dés le mois de May quantité de Pruniers, & autres fruitiers partie connus & partie inconnus dans l'Europe. Il y a communement des Vignes, des Grenadiers, des Maronniers. On fait les bleds trois ou quatre fois l'année. J'ay déja dit que j'en avois veu de meur, que l'autre venoit de lever, on y connoist peu l'hyver que par les pluyes.

Nous n'avons pas eu le temps de rechercher les mines, nous avons seulement trouvé en plusieurs endroits du charbon de terre, les Sauvages qui ont du cuivre & du plomb, nous ont voulu conduire en bien des endroits d'où ils le tirent, il y a des carrieres de fort belles pierres, du marbre blanc & noir, cependant les Sauvages ne s'en servent pas.

Ces Peuples communement quoique Barbares, paroissent d'un assez bon naturel, affables obligeans & dociles. Ils n'ont pas de sentiment veritable de Religion par un culte reglé, mais l'on remarque quelques connoissances confuses, & une veneration particuliere pour le Soleil qu'ils reconnoissent comme celuy qui a tout fait & qui conserve tout. Il est surprenant que leur Dialecte soit different à des Nations qui ne seront pas éloignées de plus de dix lieuës, ils ne laissent pas de s'entr'-entendre, & d'ailleurs ils ont toûjours quelque Interprete d'une Nation qui demeure chez l'autre quand ils sont alliez & qui leur sert comme de Resident, ils sont tous differens de nos Sauvages de Canada dans leurs maisons, vétemens, mœurs, inclinations & coûtume, & même dans la conformation de la teste que ceux-cy ont fort plate. Ils ont de grandes Places publiques, des jeux & des assemblées, ils paroissent vifs, & actifs, leurs chefs ont toute l'autorité, l'on n'oseroit passer entre le chef & le flambeau de Canne qui brûle chez luy, & qu'il fait porter devant quand il marche, mais on fait le tour avec quelque ceremonie, ils ont leurs vallets & leurs Officiers qui les suivent & les servent par tout. Ils distribuent les graces & les presents à leur volonté, enfin l'on y trouve communement des hommes. Nous n'en avons veu aucun qui connût les armes à feu, ny même les outils de fer, ou d'acier, se servant de coûteaux & de haches de pierre, cela est bien contraire à ce que l'on nous avoit dit, quand on nous asseuroit que par le commerce des Espagnols que l'on disoit n'en estre éloignez que de 25 ou 30 lieuës, ils avoient des haches, des fusils, & toute des commoditez que l'on trouve en Europe, à la verité nous avons trouvé des Nations qui avoient des brasselets de veritables perles, mais ils les percent au feu,

& les gâtent par ce moyen ; Monsieur de la Salle en a apporté avec luy, les Sauvages nous ont dit que leurs Guerriers les apportent de fort loin du côté de la Mer, & les recoivent en échange de certaines Nations qui sont apparemment du côté de la Floride.

Il y a beaucoup d'autres choses que nos gens observoient en s'avançant un peu dans le païs pour la chasse, & que nous avons appris des Nations chez qui nous avons passé, mais je me rendrois importun d'en faire icy le détail. Outre qu'il en faudroit sçavoir plus à fond les particularitez, enfin nostre découverte est achevée sans que nous ayons perdu aucun des nostres ny François, ny Sauvages, & sans que personne ait esté blessé, de quoy nous sommes

mes redevables à la protection de Dieu, & à la grande conduite de Monsieur de la Salle : Je ne vous diray rien icy des conversions: autrefois les Apoſtres ne faiſoient qu'entrer dans un païs, & aux premieres annonces de l'Evangile, l'on voyoit de grandes conqueſtes. Je ne ſuis qu'un miſerable pecheur, infiniment éloigné du merite des Apoſtres, mais auſſi il faut reconnoiſtre que ces voyes miraculeuſes, de grace, ne ſont pas aujourd'huy attachées à l'exercice de nos Miniſteres, Dieu ne ſe ſervant que d'une voye ordinaire & commune ſelon laquelle je me ſuis contenté d'annoncer de mon mieux les principalles veritez du Chriſtianiſme aux Peuples que j'avois à la rencontre : la Langue Ilinoiſe me ſervoit un peu environ cent lieuës avant dans le Fleuve, & je faisois comprendre le reste par les gestes, & quelque terme de leur Dialecte que l'on déchifroit insensiblement, mais je ne peux pas dire que mes petits efforts ayent produit des fruits certains. A l'égard de ces peuples, peut-estre que par un effet secret de la grace quelqu'un en aura profité, c'est ce que Dieu seul peut connoistre, tout ce que nous avons fait a esté de reconnoistre l'état de ces Nations, & d'ouvrir le chemin à l'Evangile, & aux Missionnaires, n'ayant baptisé que deux enfans que je voyois à l'extremité, & qui sont morts effectivement en nostre presence.

Je donne icy à mon Lecteur ce qu'il y a de principal dans la Relation que le Pere Zenobe addreſſa à Quebec au Pere Valentin Superieur des Miſſions, & dont je fis la copie ſur les lieux quelques anneés aprés : ce Miſſionnaire ne croyoit point alors paſſer en France cette même année 1682, mais le ſieur de la Salle ayant pris tout à coup ſa reſolution, le pria de vouloir bien faire le voyage pour donner les premieres inſtructions de ſa découverte, juſques à ce qu'il pût l'année ſuivante s'y rendre en perſonne : ce bon Pere partit donc de Miamis le 8. Octobre, & quelque diligence qu'il pût faire à la deſcente des Lacs & du Fleuve : il n'arriva à Quebec que le 15. Novembre, la ſurveille du départ des Vaiſſeaux, & s'embarqua dans celuy que montoit Monſieur le Comte de

Frontenac, lequel repaſſoit en France la même année.

Decretum Sacræ Congregationis Generalis de propagandâ fide, habitum die octava Ianuarii 1985.

Referente Eminentiſſimo Domino Cardinali Eſtræo, Sacræ Congregationis declaravit Præfectum Miſſionis ad ſeptennium in Inſulâ vulgò dictâ Loüiſianâ in Americâ Fratrem Hyacinthum le Fevre, Ordinis Minorum Recollectorum Sancti Franciſci Provinciæ Sancti Dioniſii in Gallia, cum authoritate eaquæ ad Miſſionis Regnum pertinent, & ad præſcriptam Decretorum Sacræ Congregationis, & facultatum ejdem conceſſarum exercendi, eâ tamen

dans la Nouvelle France. 265
conditione quod ultra quatuor Fratres transmissos alios, non nominet inconsultâ Sacrâ Congregatione, & non alius. Datum Romæ die, & anno quibus suprà G. Cardinalis de Alteriis Prefectus cum chirographo, & Sigillo.

Ce Decret estoit accompagné de quatre autres pour les quatre Peres Missionnaires dont voicy la teneur.

Decretum Sacræ Congregationis Generalis de propagandâ fide, habitum, die 8. Januarii 1685.

REferente Eminentissimo Domino Cardinali Estræo, Sacræ Congregationis Missionarium Apostolicum in Insulâ vulgò dictâ Loüisianâ in Americâ ad sep-

Z iij

tennium declaravit Fratrem Ze-
robium MAMBRE', *Ordinis Mi-*
norum Recollectorum Sancti
Francisci subjectione tamen &
Præfectura Fratris Hyacinthi LE
FEBVRE , *ejusdem Ordinis cui*
omninò parere debeat, at neces-
sarias facultates, ad Missiones
exercendas ab eodem juxta sibi
tributam authoritatem in toto
vel in parte recipiat, servatâ
semper ipsius Præfecti tam circa
facultates, quàm circa loca &
tempus eadem exercendi mode-
ratione, nullo modo vero extra
fines suæ Missionis eis uti queat.
Datum Romæ die & anno qui-
bus suprà cum Chirographo &
Sigillo F. Cardinalis de Alteriis
Præfectus.

Le Bref du Saint Pere qui accompagnoit les susdits Decrets contenant les Permissions & pouvoirs en 26. articles, a pour titre,

Facultates concessæ à S. D. N. D. Innocentio Divinâ Providentiâ Papa XI. Fratri Hyacintho LE FEBVRE, *Ordinis Minorum Recollectorum Sancti Francisci Provinciæ Sancti Dionysii in Gallia Præfecto Missionum in Insula vulgò dictâ Loüisianâ in America,*

Ledit Bref finit en ces termes,

Et præditæ facultates gratis, & sine ulla mercede exerceantur & ad annos septem tantum concessæ intelligantur feria 4. die 24. Maii 1685.

In solita audientia Sanctissimus D. N. D. Innocentius Papa X. concessit supra dictas facultates Præfecto Fratri Hyacintho LE FEBVRE, *Ordinis Minorum Recollectorum Sancti Francisci*

Z iiij

Provinciæ Sancti Dionysii in Gallia Præfecto Missionis in insula vulgò dictâ Loüisianâ in America, ad septennium, hac tamen conditione quod ultra Fratres transmissos non nominet inconsultâ Sa. râ Congregatione de propaganda fide, Signatum erat Episcopus Portu Cardinali, cum Sigillo, & infra Alexander Speronus S. Romanæ, & universalis inquisitionis Notarius.

CHAPITRE XXIV.

Le sieur de la Salle continue sa découverte par le Sein Mexique, établissement de la Colonie Françoise à la Baye S. Loüis. Les avantures malheureuses qui luy arriverent.

C'Est ainsi que Monsieur de la Salle, que l'on pourroit avec justice appeller le colombe de son siecle acheva par les terres la découverte la plus importante, la plus difficile, & la plus traversée, sans avoir perdu un seul de ses gens dans des païs où Jean Ponce de Leon, Pamphile de Narvaez, & Ferdinand Soto ont peri sans aucun succés avec des troupes nombreuses & plus de deux mille Espagnols, jamais personne n'avoit fait pareilles entreprises avec si peu de monde & tant d'ennemis., son premier dessein avoit esté de trouver le passage que l'on cherche depuis si long-temps à la Mer du Sud, & quoyque le Fleuve Colbert n'y conduisît pas, cependant ce grand homme avoit tant de lumiere & de resolution, qu'il esperoit de le trouver si cela étoit possible, comme il y auroit réüssi si Dieu luy avoit conservé la vie.

Le païs des Ilinois & les vastes contrées d'alentour estant le centre de sa découverte. Il y passa l'Hyver, l'Esté, & le commencement de l'Automne de 1683, à faire des établissemens, il y laissa Monsieur de Tonty pour Commandant, &

enfin ayant pris le parti de passer en France pour rendre compte de l'execution des Ordres du Roy, il arriva à Quebec au commencement de Novembre, & à la Rochelle le 23. Decembre.

Son dessein estoit d'aller chercher par Mer l'embouchure du Fleuve Colbert, & d'y établir sous le bon plaisir du Roy de puissantes Colonies. Ces propositions furent écoutées favorablement de Monsieur de Seignelay Ministre & Secretaire d'Etat, & Sur-Intendant du commerce & navigation de France, Sa Majesté les agréa, & voulut bien favoriser son entreprise non seulement par les nouveaux pouvoirs & commissions dont elle l'honora, mais encore par des secours de Vaisseaux, de troupes & d'argent dont sa liberalité royalle le gratifia.

La premiere application du sieur de la Salle aprés qu'il eût esté muni de ces pouvoirs, fût de pourvoir au spirituel pour avancer principalement la gloire de Dieu dans son entreprise. Il jetta les yeux sur deux corps differents de Missionnaires, afin d'obtenir des sujets capables de procurer le salut des ames, & de jetter les fondemens du Christianisme en cette Barbarie.

Il s'addressa donc à Monsieur Tronçon Superieur General de Messieurs du Seminaire de saint Sulpice, qui voulut bien prendre part à l'ouvrage de Dieu & destiner trois de ses Ecclesiastiques pleins de zele, de vertu, & de capacité, pour commencer ces nouvelles Missions, ce furent Monsieur Cavelier, frere du sieur de la Salle, Monsieur Chefdeüille, son parent & Monsieur de Maiulle tous trois Prestres.

Comme depuis prés de dix ans les Recollets avoient tâché de seconder les desseins du sieur de la Salle pour la gloire de Dieu & la sanctification des ames dans toute l'étenduë des vastes païs de la Loüisiane de la dépendance dudit sieur depuis le Fort de Frontenac, & qu'ils l'avoient accompagné dans ces découvertes où même le Pere Gabriel estoit mort. Il se fit un point essentiel d'emmener quelqu'un de nos Peres avec luy pour travailler de concert à l'établissement du Royaume de Dieu dans ces nouveaux païs. A cet effet il s'adressa au Reverend Pere Hyacinthe le

Febvre qui avoit esté deux fois Provincial de nostre Province de saint Antoine en Artois, & qui estoit alors Provincial pour la seconde fois de la Province de saint Denis en France, lequel voulant seconder de tout son possible les pieuses intentions du sieur de la Salle, luy accorda les Religieux qu'il demandoit, sçavoir le Pere Zenobe Mambré pour Superieur de sa Mission, & les Peres Maxime le Clercq & Anastase Doüay tous trois de nostre Province de saint Antoine, dont le premier avoit esté inseparable du sieur de la Salle durant l'espace de quatre années dans sa découverte par les terres, le second avoit servi durant cinq années en Canada avec beaucoup d'édification, sur tout dans les Missions des sept Isles, &

d'Anticofti ; on leur avoit adjoint le Pere Denis Morguet pour quatriéme Preftre, mais ce Religieux s'eftant trouvé extrêmement malade dés le troisiéme jour de l'embarquement fût obligé de relâcher & de retourner en Province.

Le Reverend Pere Provincial ayant donné avis à la Congregation *de propaganda fide* de cette Miffion, afin d'obtenir toute l'authorité neceffaire pour l'exercice de nos fonctions, il en reçeut les Decrets dans les formes; nous les placerons à la fin de ce Chapitre pour ne pas interrompre icy l'attention du Lecteur; le Saint Pere Innocent XI. y ajouta par un Bref exprés les pouvoirs & permiffions authentiques en 26. articles, ainfi que le faint Siege a coûtume de les accorder aux

Missionnaires dont l'éloignement rend le recours moralement impossible à l'authorité de l'ordinaire, ce qui fût accordé nonobstant l'opposition de Monsieur l'Evèque de Quebec, Monseigneur le Cardinal d'Estrées ayant fait voir que la distance estoit de plus de huit ou neuf cens lieuës par les terres depuis Quebec jusques à l'embouchure du Fleuve.

Les esperances que l'on avoit alors sujet d'établir sur cette fameuse découverte; engagea plusieurs jeunes Gentilshommes à prendre parti avec le sieur de la Salle en qualité de volontaires, il en choisit douze qui luy parurent des plus resolus entre lesquels le sieur de Morangé & le sieur Cavelier tous deux ses neveux. Le dernier n'estoit âgé que de 14. ans

L'on

L'on preparoit la petite flotte à la Rochelle qui devoit estre composée de quatre bâtimens le Joly, le Vaisseau de Roy, une Fregatte nommée la belle, une Flutte nommée l'aimable, une caichsse appellée le Saint François, le Vaisseau de Roy estoit commandé par Monsieur de Beaujeu Capitaine Gentilhomme de Normandie connu par sa valeur & son experience, & par le merite de ses services, il avoit pour Lieutenant Monsieur le Chevalier d'Aire, qui est aujourd'huy Capitaine de Roy & fils du Doyen du Parlement de Mets. Le sieur du Hamel Gentilhomme de Broüage, jeune homme plein de feu & de cœur luy servoit d'enseigne, plût à Dieu que les trouves & le reste de l'équipage eût esté aussi bien choisi,

Aa

ceux qui en eurent la commiſſion pendant que Monſieur de la Salle eſtoit à Paris, ramaſſerent cent cinquante ſoldats tous gueux & miſerables, demandant l'aumône, pluſieurs même contrefaits ne ſçachans pas tirer un mouſquet, le ſieur de la Salle avoit donné commiſſion à la Rochelle de luy choiſir des ouvriers trois ou quatre de chaque métier, l'on en fit un ſi mechant choix que quand on fût ſur les lieux, & qu'il fallut les mettre à l'ouvrage, l'on reconnut qu'ils ne ſçavoient rien du tout, huit ou dix familles ſe preſenterent d'aſſez bonnes gens, & qui s'offrirent d'aller commencer la Colonie, l'on accepta leurs offres, & on leur fit même de grandes avances, auſſi bien qu'aux artiſans & aux ſoldats.

L'embarquement preparé l'on mit à la voile le 24 Juillet 1684. la tempeste qui s'éleva peu de jours aprés, les obligea de relâcher à Chef de bois, pour y racommoder quelqu'un de leurs Mats qui s'estoit cassé durant la tourmente.

Ils remirent à la voile le premier d'Aoust faisant route à Saint Domingue, mais une seconde tourmente les surprit & les separa le 14. Septembre, l'Aimable restant seul avec la Belle qui arriverent au petit Goave à Saint Domingue où ils rencontrerent heureusement le Joly. Le saint François chargé de marchandise, & de quantité d'effets, n'ayant pû suivre les autres, estoit demeuré au Port de Paix, d'où il partit aprés que l'orage fût passée pour aller joindre la Flotte au rendévous, mais comme durant la nuit d'un temps assez calme le Pilote & l'équipage se croyant en asseurance, n'estoient point du tout sur leurs gardes, ils furent surpris par deux Pirogues d'Espagnol qui se rendirent maistres de cette Caiche.

Ce fût le premier contretemps qui traversa la navigation, malheur qui causa une consternation universelle à tout l'équipage & beaucoup de douleur au sieur de la Salle qui relevoit d'une maladie dangereuse où il fût reduit à l'extremité, l'on fit sejour à S. Domingue où à la verité l'on prit quantité de rafraichissements, ils firent leurs provisions de bled d'Inde & de toutes sortes de bestiaux domestiques pour en peupler le nouveau païs. Messieurs de Saint Laurent Gouverneur General des Isles, Begon Intendant & de Cussy Gouverneur particulier de saint Domingue, les favoriserent en tout & rétablirent même l'intelligence reciproque & si necessaire pour réüssir en pareilles entreprises, mais les soldats & la plûpart des équipages s'estant licentié à toute sorte de libertinage & d'intemperance assez ordinaire dans ce païs là, se gâterent si fort, & contracterent des maladies si dangereuses que les uns moururent dans l'Isle, & les autres ne porterent plus de santé.

Cette petite Flotte estant donc reduite à trois Navires, leva l'Anchre le 25. Novembre 1684. & poursuivit sa route assez heureusement le long des Isles des Caymans, & passant par l'Isle de Paix, aprés y avoir moüillé un jour pour faire de l'eau, l'on gagna le Port de saint Antoine en l'Isle du Cuba, où les trois Navires moüillerent derechef; la beauté, & les agrémens du lieu, & la scituation avantageuse les engagerent de s'y arrester, & même de descendre à terre, on ne sçait par quelle avanture les Espagnols y avoient laissé à l'abandon plusieurs sortes de rafraichissemens, & entre autre du vin d'Espagne dont on profita, & aprés deux jours de repos, ils en partirent pour continuer le voyage au Golphe Mexique.

Le sieur de la Salle quoy que fort éclairé, & peu d'humeur à se laisser tromper avoit neanmoins crû trop facilement aux avis que luy donnerent certaines personnes de saint Domingue, il reconnut trop tard que toutes les routes qu'on luy avoit faites estoient absolument fausses, la crainte d'estre maltraité par les vents de Nord qu'on leur avoit dit estre frequens & dangereux à l'entrée du Golphe les fit relacher par deux fois, le discernement & la grande resolution du sieur de la Salle leur fit tenter le passage une troisiéme fois, & l'on y entra heureusement le premier jour de Janvier 1685, que le Pere Anastase celebra solemnellement la sainte Messe en action de graces, aprés quoy continuant leur route, l'on arriva en quinze jours à la veuë des terres de la Floride, où un grand vent obligea le Joly de prendre le large, la Flutte & la Fregatte se rangeant du côté des terres, le sieur de la Salle estant bien aise de s'approcher de la côte.

On luy avoit persuadé à saint Domingue que les Courans de la Mer du Golphe portoient avec une rapidité incroyable vers le Canal de Bahama, ce faux avis le dérouta entierement, car dans la pensée qu'il estoit beaucoup plus Nord qu'il ne l'étoit en effet, non seulement il passa la Baye du saint Esprit sans la reconnoistre, mais encore l'on suivit la côte bien au de-là du Fleuve Colbert, on auroit même encore continué de la suivre, si l'on ne se fût apperçû par le retour qu'elle fait au Sud, & par la hauteur de Pôle que l'on estoit à plus de 40, à 50. lieuës de l'embouchure, d'autant plus que comme le Fleuve avant que de se décharger dans la Mer cotoye la terre du Golphe à l'Ouest, & que

la

la longitude est inconnuë aux Navigateurs. Il se trouva avoir passé de beaucoup sa ligne paralelle.

Les trois bâtimens se joignirent enfin à la my-Fevrier dans la Baye du saint Esprit où l'on trouvoit une rade presque continuelle, l'on resolut de retourner d'où l'on venoit, on avança dix ou douze lieuës jusques à une Baye que l'on nomma la Baye de saint Loüis. Comme les vivres commençoient à manquer, les soldats avoient déja mis à terre; le sieur de la Salle reconnut & sonda la Baye qui est d'une lieuë de large & bon fond, il crût que ce pourroit bien estre le bras droit du Fleuve Colbert, comme il y en avoit apparence, il y fit entrer la Fregatte fort heureusement le 18. Fevrier, le Canal est profond, jusques là même que sur la batture de sable qui barre en quelque façon l'entrée, il y a douze & quinze pieds d'eau de Marée basse.

Le sieur de la Salle avoit ordonné au Capitaine de la Flutte de ne point entrer dans le Canal sans avoir le Pilote de la Fregatte en qui l'on prenoit toute confiance, de décharger son Canon & son eau dans les chaloupes pour diminuer sa charge & enfin de suivre exactement le chemin que l'on avoit balisé, rien de tout cela ne fût executé, & cet infidel malgré les avis que luy donnoit un Matelot qui estoit à la Hune de tenir le vent, il fit arriver le Vaisseau dans les freins où il toucha, & s'ensabla si bien qu'il ne fût pas possible de le retirer.

Il estoit alors sur le bord de la Mer quand il vit faire ce funeste manœuvre, & il s'embarquoit pour y remedier lors qu'il vit venir cent ou six vingt Sauvages, il fallut mettre son monde sous les armes, le bruit du Tambour fit prendre la fuite aux Barbares, on les suivit, & leur ayant presenté le calumet de paix, on les conduisit & on les regalla au Camp, on leur fit même des presents, & le sieur de la Salle sçeut si bien les engager, qu'on avoit fait alliance avec eux, ils apportoient des viandes au Camp durant les jours suivants, l'on traita de quelques-uns de leurs Canots, & l'on avoit sujet de tout attendre d'une union si necessaire.

Le malheur voulut qu'un ballot de couverture du Vaisseau

échoüé fût jetté à la côte : quelques jours aprés une troupe de Sauvages s'en estoit saisi, le sieur de la Salle ordonna du monde pour retirer le ballot de leurs mains par les voyes de douceur, l'on en usa tout au contraire, le Commandant leur presenta le bout du fusil comme pour les coucher en joüé, ce qui les effaroucha tellement, qu'ils ne nous considererent plus que comme ennemi. Indignez jusques à la fureur, ils s'attrouperent la nuit du six au sept de Mars, ayant trouvé la sentinelle endormie firent une cruelle décharge de leurs fleches, l'on courut aux armes, le bruit des coups de fusil leur fit prendre la fuite aprés avoir tué sur la place les sieurs Oris & Desloge, deux cadets volontaires & blessez dangereusement le sieur de

Moranger Lieutenant & neveux du sieur de la Salle, & le sieur Gaien volontaire, le lendemain ils tuérent encore deux de nos gens qu'ils trouverent endormis le long de la côte.

Cependant la Flutte demeura plus de trois semaines à l'endroit de son naufrage sans se démambrer, mais à s'emplir d'eau de tous côtez ; l'on en sauva tout ce que l'on pût avec les chaloupes & les Pirogues lorsque le calme permit d'y aller. Un jour le Pere Zenobe y étant passé en chaloupe, elle se brisa d'un coup de vent contre le Navire, tout le monde monta promptement dans le bord, ce bon Pere qui estoit resté le dernier pour faire sauver les autres auroit esté submergé, si un Matelot ne luy eut jetté un cordage, avec lequel on le tira à bord comme il enfonçoit dans la Mer.

Enfin Monsieur de Beaujeu mit à la voile dans le Joly avec tout son monde le 12. Mars pour s'en retourner en France, & le sieur de la Salle ayant fait faire un reduit avec des planches & pieces de bois pour mettre son monde, & ses effets en seureté. Il laissa cent hommes sous le commandement du sieur de Moranger, & partit avec 50. autres. Le sieur Cavelier & les Peres Zenobe & Maxime à dessein de chercher dans le fond de la Baye, l'embouchure du Fleuve & un endroit propre pour y fixer l'établissement.

Le Capitaine de la Fregatte eut ordre de sonder la Baye en chaloupe, & d'y faire avancer son vaisseau le plus avant qu'il pourroit, il suivit 12. lieuës le long de la côte qui gist du Sud-est au Nordoüest, & moüilla vis-à-vis d'une Pointe, à laquelle le sieur Hurier donna son nom,& y fût ordonné Commandant, ce poste servant d'entrepause du Camp de la Mer à celuy que le sieur de la Salle alla faire au fond de la Baye le deuxiéme Avril à deux lieuës avant dans une belle riviere que l'on nomma la riviere aux vaches à cause de la grande quantité de ces bestes Sauvages que l'on y rencontra, une troupe de Barbares y vint attaquer nos gens, on les repoussa sans aucune perte.

Le 21. veille de Pâques, le sieur de la Salle s'estant rendu au Camp de la Mer, l'on y celebra le lendemain, & les trois jours suivans la grande Feste avec toutes les solemnitez possi-

où chacun reçeut son Createur, les jours suivans l'on transporta des deux Camps des sieurs de Moranger & Hurier tous les effets, & generallement tout ce qui estoit utile au Camp du sieur de la Salle, & l'on détruisit les deux Forts le sieur de la Salle fit travailler l'espace d'un mois à la culture de la terre, mais les grains tant de bled que de legumes ne leverent pas, soit qu'ils fussent alterez par l'eau de la Mer, soit que la saison ne fût pas propre comme on le remarqua dans la suite. L'on bâtissoit le Fort dans un poste fort avantageux qui fût bien-tost en état de deffence, muni de douze pieces de Canons & de Magazin sous terre, crainte du feu, l'on y mit tous les effets en seureté. Les maladies que les soldats avoient contracté à saint Domingue, les minoient à veuë, & il en mourut une centaine en peu de jours, quelque secours que l'on pût leur donner de boüillons, de confection, de theriaque, & de vin.

Le 9. Aoust 1685. trois de nos François estant à la chasse qui est copieuse dans ces contrées, en toute sorte de gibiers & de bestes fauves, se virent environnez de plusieurs compagnies de Sauvages armez, mais nos hommes s'estans mis en deffense, tuerent d'abord le chef & luy enleverent la chevelure, ce spectacle effraya, & dissipa les ennemis, qui ne laisserent pas de surprendre quelque temps aprés & de tuer un de nos François.

Le 13. Octobre le sieur de la Salle se voyant sans cesse insulté par les Barbares & d'ailleurs voulant avoir de leurs Canots de gré ou de force, parce que l'on ne pouvoit s'en paſſer, reſolu de leur faire une guerre ouverte pour en tirer une paix avantageuſe.

Il partit avec ſoixante hommes armez de corſelets de bois contre les coups de fleche, il arriva où ils eſtoient attroupés, & en differentes rencontres de jour & de nuit, il en mit une partie en fuite, pluſieurs bleſſez, quelques-uns tuez, d'autres furent faits priſonniers, entr'autres quelques enfans, dont une fille de trois à quatre ans fût baptiſée & mourut quelques jours aprés, comme les premices de cette Miſſion, & une conqueſte ſeure qu'on envoyoit au Ciel. Les habitans ſe bâtiſſoient & ſe formoient des deſerts par le défrichement des terres. L'on ſema des grains qui réüſſirent mieux que les premiers, l'on traversa par Canot de l'autre bord de la Baye, où l'on trouva sur une grande riviere pleine chasse, sur tout de bœufs & de Coqs d'Inde; l'on élevoit de toutes sortes de bestiaux domestiques dans les habitations, des vaches, des pourceaux, des volailles qui multiplioient beaucoup, enfin l'execution que l'on avoit fait chez les Sauvages, avoit mis la petite Colonie un peu plus en seureté, lors qu'un nouveau malheur succeda à tous les precedens.

Le sieur de la Salle avoit ordonné au Capitaine de la Fregatte de sonder exactement la Baye, à mesure qu'il avançoit & que tout son monde se retira le soir dans le bord, mais ce Capitaine & six de ses hommes des plus forts, des plus robustes,

& des plus adroits, charmez de la douceur de la saison & de la beauté du païs, ayant laissé leur Canot avec leurs armes sur les vases de marée basse, s'avancerent à une portée de fusil sur le pré pour y estre à sec, & s'endormirent profondement, dequoy une troupe de Sauvages s'estant apperçûë, les surprirent à la faveur du sommeil & de la nuit, les massacrerent cruellement, briserent leurs armes & leur Canot. Avanture tragique qui jetta la derniere consternation dans le Camp.

Aprés avoir rendu les derniers devoirs à ces défunts, le sieur de la Salle laissant des vivres pour six mois, partit avec 20. hommes & le sieur Cavelier son frere pour aller chercher par terre l'embouchure du Fleuve, cette Baye qu'il reconnut par les

27. degrez & 45 minutes de latitude est la décharge d'une grande quantité de rivieres, dont pas une ne paroissoit assez grande pour estre un des bras du Fleuve Colbert, le sieur de la Salle les parcourut dans la pensée qu'une partie de ces rivieres estoit formée plus haut par un des bras dudit Fleuve, ou que du moins en traversant les terres bien au loin il reconnoistroit le cours de Missisipi, il fût bien plus long-temps absent qu'il ne croyoit, il fallut faire des cajeux pour passer les rivieres & se retrancher tous les soins pour se deffendre des insultes, les pluyes continuelles formoient des ravines & gâtoient les chemins, enfin le 13. Fevrier 1686 il crût avoir trouvé le Fleuve, l'on s'y fortifia, le sieur de la Salle y laissa une partie de son monde

& avec neuf hommes continuä sa découverte par les plus beaux païs, traversant quantité de Villages & de Nations nombreuses qui le traiterent fort humainement, enfin revenant sur ses pas retrouver son monde, il arriva le 31. Mars au Camp general, charmé de la beauté & fertilité dés Campagnes, de la quantité incroyable de toute sorte de chasses, & des peuples nombreux qu'il avoit rencontré dans sa route.

Dieu luy preparoit une épreuve bien plus sensible que les precedentes par la perte de la Fregatte ce seul Navire qui luy restoit & avec lequel il esperoit cottoyer la Mer & passer ensuite à saint Dominique pour donner de ses nouvelles en France, & obtenir de nouveaux secours, ce funeste accident arriva par le peu de précaution du Pilote, toutes ces marchandises furent perduës sans resource. Le Navire se brisa à la côte, les Matelots furent noyez, & à peine le sieur de Chefdeüille Prestre, le Capitaine & quatres personnes se sauverent-ils dans un Canot qu'ils trouverent à la côte quasi par miracle, l'on y perdit trente six barils de farine, quantité de vin, les coffres, les habits, le linge, des équipages, la plus grande partie des outils, on laisse à penser le chagrin mortel que le sieur de la Salle ressentit d'un accident qui achevoit de renverser toutes les mesures qu'il avoit prises, son grand courage n'auroit pas esté capable de le soûtenir, si Dieu n'avoit aidé sa vertu par un secours de grace extraordinaire.

CHAPITRE XXV.

Avantures malheureuses de deux voyages que le sieur de la Salle entreprend aux Ilinois. Sa mort tragique. Vne partie de son monde repasse en France par les terre de Canada.

Ceux qui seront un peu instruits des tentatives si souvent reprisés, & des avantures tragiques arrivées dans toutes les découvertes des païs nouveaux que l'on a faites à l'Orient & à l'Occident, durant ces derniers siecles, ne seront point du tout surpris de lire tous les contre-temps, & les accidens funestes dont le Seigneur a voulu traverser ces premieres

mieres tentatives de la découverte & de l'établissement de la Colonie Françoise dans les vastes contrées de la Loüisiane. Plusieurs Historiens ont voulu penetrer dans ces raisons de cette conduite de Dieu sur de pareilles entreprises, où sa gloire paroistroit interessée dans la conversion des peuples barbares : c'est à nous d'adorer les desseins de sa Providence, la merveille de cette découverte est la force & le courage dont Dieu a toûjours animé & soûtenu jusques à la fin celuy du sieur de la Salle.

Toutes ces mesures estant ainsi rompuës, & ses affaires reduites à l'extremité, que nous avons dit-il prit le party de tenter un voyage par les terres en Canada, il relacha quelque temps aprés, & en entreprit un second, dans lequel il perdit la vie par la cruauté de ces gens, quelques-uns de ceux qui demeurerent fideles, pourfuivirent la route, & sont arrivez en France, & entr'autres le Pere Anastase Doüay, & quoy que dans les differents naufrages qu'il a faits, le détail de ses remarques se soit perdu, voicy un abbregé de ce qu'il en a pû recüeillir, dont le Lecteur me sçaura peut-estre plus de gré, que si je le composois de mon stile.

Le sieur de la Salle ne voyant point d'autre resource à ses affaires que de traverser par les terres jusques aux Ilinois pour pouvoir donner en France la nouvelle de ces desastres, choisit 20. de ses meilleurs hommes y compris Nika un de nos Sauvages Chaoüenon qui l'avoit toûjours accompagné depuis le Canada jusques en France, & de France au Mexique, Monsieur Cavelier, le sieur de Moranger & moy nous joignîmes de compagnie à ce grand voyage pour lequel l'on ne fit autre provision que quatre livres de poudre & six livres de plomb, deux haches, deux douzaines de couteaux autant d'alaines, de la rassade, & deux chaudieres : aprés avoir celebré les Divins Mysteres dans la Chapelle du Fort, & invoqué tous ensemble le secours du Ciel, nous partîmes le 22. Avril 1686, faisant route au Nordest.

Au 3. jour nous apperçûmes dans les plus belles campagnes du monde quantité de gens, les uns à pied, les autres à cheval qui venoient à nous au galop bottez & épronnez, &

sur des selles. Ils nous inviterent à leur Bourg, mais comme ils estoient à six lieuës au Nordoüest, hors de nostre route, on les remercia après avoir appris dans l'entretien qu'ils avoient connoissance des Espagnols, continuant nostre chemin le reste du jour, nous cabanâmes le soir dans un petit Fort retranché de pieus pour nous mettre à couvert des insultes, ce que l'on a toûjours continué depuis fort heureusement.

En estant parti le lendemain nous marchâmes deux jours par des prairies continuelles jusques à la riviere que nous appellâmes Robex, trouvant par tout une si prodigieuse quantité de Cibola, ou de Bœufs sauvages, que les moindres troupeaux nous paroissoient de deux ou trois cens bestes, nous en tüâmes neuf ou dix en un moment, dont on en fit boucaner une partie afin de n'estre pas obligé de nous arrester de cinq ou six jours. A une lieuë & demie plus avant, nous trouvâme une autre riviere plus belle, plus grande & plus profonde que n'est la Seine à Paris, bordée des plus beaux arbres du monde comme s'ils avoient esté planté à la main, entr'autres quantité de Meuriers, & autres fruitiers, ayant des prairies d'un côté & des bois de l'autre, nous la passâmes en Cajeux ; cette riviere fût appellée la Maligne.

Passant à travers de ces beaux païs, des campagnes, & des prairies ravissantes bordées de vignes, de vergers, & de boccage ; nous arrivâmes peu de jours après à une riviere qui fût appellée Hiiens, du nom d'un Allemand natif de Vuittemberg, qui s'y embourba, en sorte, qu'il n'en pût sortir qu'avec beaucoup de peine. Un de nos hommes la hache sur le dos traversa à la nâge jusques à l'autre bord, un second le suivit en même temps : ils couperent des plus grands arbres, pendant que d'autres de noſtre côté en faiſoient de même, on laiſſoit tomber ces arbres de part & d'autre par le travers de la riviere, leſquels ſe rencontrant ainſi, formoient une eſpece de pont pour paſſer facilement. C'eſt une invention dont nous nous ſommes ſervis dans nos voyages plus de trente fois, cela nous paroiſſant plus ſeur que le Cajeu qui eſt une eſpece de traineau formé de pluſieurs pieces & branches de bois liées enſemble, que l'on conduit & sur lequel on se passe à la perche.

Ce fût icy que le sieur de la Salle changea sa route du Nordest à l'Est, par des raisons qu'il ne nous dit pas, & que nous n'avons jamais pû penetrer.

Aprés quelques journées de marche dans un païs assez beau passant neanmoins des ravines en Cajeux, nous entrâmes dans des contrées beaucoup plus agreables & tout-a-fait delicieuses, où nous trouvâmes une Nation fort nombreuse qui nous reçeut avec toute l'amitié possible, les femmes mêmes venoient embrasser nos François, on nous fit asseoir sur des nattes fort bien travaillées & prendre le haut bout auprés des Capitaines qui nous presenterent le calumet orné de plumes de toute sorte de couleurs, fallut fumer tour à tour, ils nous servirent entr'autre regal d'une sagamité faite d'une espece de racine qu'ils appellent Toqué ou Toquo, c'est un arbuste fait comme une espece de ronce sans épines, la racine est fort grosse, aprés l'avoir bien lavée on la fait seicher, & puis on la pille, & on la reduit en poudre dans un mortier, la sagamité en est de bon goust, mais astringente, ces Sauvages nous firent present de peaux de Bœufs fort proprement passées pour faire des souliers, on leur donna en échange de la Rassade dont ils font estime, nous y fimes sejour durant lequel le sieur de la Salle les engagea tellement par ses manieres & leur insinuoit tant de choses de la gloire du Roy, leur disant qu'il estoit

estoit encore plus grand & plus élevé que le Soleil, qu'ils en étoient tous ravis d'admiration. Nous tâchions le sieur Cavelier & moy comme nous avons fait partout ailleurs de leur insinuer la premiere connoissance du vray Dieu, on appelle cette Nation Biskatrongé, mais nous l'appellâmes la Nation des Pleureux, & nous donnâmes le même nom à leur riviere qui est fort belle à cause qu'à nostre arrivée & à l'abord ils se mirent tous à pleurer amerement, pendant un bon quart d'heure, c'est une coûtume parmy eux quand ils voyent des gens qui viennent de loin, leur faisant péser à leurs parens morts qu'ils croient dans un grand voyage dont ils attendent le retour. Enfin ces bonnes gens nous donnerent des guides, & nous passâmes leur riviere dans leurs Pirogues.

Nous en traversâmes trois ou quatre autres les jours suivants, il n'arriva rien de considerable, sinon que noſtre Sauvage Chaoüenon ayant tiré ſur un Chevreüil aſſez prés d'un grand Village, le bruit du coup y jetta tellement la frayeur, qu'ils prirent auſſi-toſt la fuite, le ſieur de la Salle fit mettre en armes ſon monde pour entrer dans le Village, compoſé de trois cens cabannes, l'on entra dans la principale qui eſtoit celle du Chef, où ſa femme ſe trouva encore, n'ayant pû gagner au pied à cauſe de ſa grande vieilleſſe, le ſieur de la Salle luy fit entendre que nous étions venus comme amis, trois de ſes fils braves guerriers obſerverent de loin ce qui ſe paſſoit, & recon-

dans la Nouvelle France. 511

noiſſant que nous eſtions pacifiques, ils rappellerent tout leur monde, l'on traita de paix & l'on danſa le calumet juſques au ſoir que le ſieur de la Salle ne s'y fiant pas trop, s'alla camper au delà des Cannes, afin que ſi ces Barbares approchoient durant la nuit, le bruit des cannes nous empeſcha d'eſtre ſurpris.

L'on reconnut en cela ſon diſcernement & ſa prudence, car une troupe de guerriers armée de flèches s'approcha la nuit, mais le ſieur de la Salle ſans ſortir de ſon retranchement les menaça de faire tonner ſes fuſils & leur parla enfin d'un air de fierté & de fermeté qui les obligea de ſe retirer: la nuit ſe paſſa fort tranquillement depuis leur retraite, & le lendemain qu'aprés des amitiez re-

Dd ij

ciproques, du moins apparentes du côté de ces Sauvages, nous pourſuivîmes noſtre route à 5. ou 6. lieuës delà, nous fûmes agreablement ſurpris de trouver une troupe de Sauvages qui venoient audevant de nous des épis de bled en main, un air civil & honneſte, ils nous embraſſerent en nous invitant avec les dernieres inſtances de les aller voir en leurs Villages, le ſieur de la Salle voyant leur ſincerité y conſentit, ces Sauvages nous diſoient entr'autres choſes qu'ils connoiſſoient des blancs du côté de l'Oüeſt qui eſtoient une nation cruelle & méchante, qui dépeuploit le païs des environs (ce ſont les Eſpagnols) nous leur fimes entendre que nous eſtions enguerre avec eux ; ce fût alors que le bruit s'en répandant par tout

le Village appellé des Kirono‑
nas, chacun nous fit accüeil à
l'envi, nous preſſant de demeu‑
rer avec eux pour aller en guer‑
re contre les Eſpagnols du Me‑
xique, on les amuſa de paroles
& d'une alliance étroite avec
eux, leur promettant de reve‑
nir avec des troupes plus nom‑
breuſes, & aprés tous les rega‑
les & les preſens, ils nous paſ‑
ſerent leur riviere en Pirogue.

Comme nous ſuivions noſtre
route toûjours à l'Eſt par de
tres‑belles prairies au bout de
trois journées de chemin, il
nous arriva un contre‑temps,
le Sauvage Nixa noſtre chaſ‑
ſeur s'écria ſubitement de tou‑
te ſa force qu'il eſtoit mort, on
y courût, & l'on apprit qu'il
avoit eſté cruellement mordu
d'un ſerpent, cet accident nous
arreſta durant quelques jours,

on luy fit prendre de l'orvietan, l'on appliqua du fel de vipere fur la playe aprés l'avoir efcarifié pour en faire fortir le venin & le fang corrompu, & enfin on le fauva.

Quelques jours aprés nous eûmes bien d'autres allarmes, eftans arrivez à une riviere large & rapide que l'on nous dit aboutir à la Mer, & que nous appellâmes la riviere des malheurs, l'on fit un Cajeu pour la traverfer, les fieurs de la Salle & Cavelier avec une partie de nos gens fe mirent deffus, mais à peine eurent-ils atteint le courant que la violence les emporta avec une rapidité incroyable, en forte qu'ils difparurent prefque en un moment, je reftois à terre avec une partie de noftre monde, noftre chaffeur eftoit abfent depuis trois jours, & s'eſtoit égaré dans les bois, ce fût une deſolation extreme pour nous tous qui deſeſperions de revoir jamais noſtre Ange tutelaire le ſieur de la Salle, Dieu me fit la grace de m'animer toûjours de confiance, encourageant de mon mieux ceux qui me reſtoient. Tout le jour ſe paſſa en pleurs & en larmes, lorſqu'à l'entrée de la nuit nous apperçûmes de l'autre bord le ſieur de la Salle avec tout ſon monde qui nous apprit que par un coup de Providence le Cajeu avoit eſté arreſté par un gros arbre qui flottoit au milieu de la riviere, ce qui leur avoit donné moyen de faire effort, & de paſſer au delà du courant qui ſans cela les emportoit à la Mer, qu'un de ſes gens s'eſtoit jetté à l'eau pour attraper une branche d'arbre, & que ce pauvre garçon n'avoit pû rattraper le Cajeu. Il s'appelloit Rut Breton de Nation, mais peu aprés ce jeune homme parût de noftre bord s'eftant sauvé à la nâge.

La nuit se paffa dans l'inquietude où nous eftions de trouver les moyens de nous paffer de l'autre bord pour aller joindre le fieur de la Salle, nous n'avions pas mangé de la journée, la Providence y pourveut par le moyen de deux Aiglons qui tomberent d'un Cedre, nous eftions dix à ce repas.

Le lendemain il fût queftion de paffer, le fieur de la Salle nous confeilla de faire un Cajeu de cannes, nous frayâmes le chemin, le fieur de Moranger & moy avec trois autres, non fans danger, car nous enfoncions à tous momens, & je fus obligé de mettre noſtre Breviaire dans noſtre capuce, parce qu'il moüilloit dans la manche. Le ſieur de la Salle envoya deux hommes à la nâge qui nous aiderent â pouſſer les Cannes, & nous firent arriver heureuſement; ceux qui reſtoient de l'autre bord ne vouloient point du tout ſe riſquer mais enfin ils y furent obligez ſur ce que nous fimes ſemblant de plier bagage, & pourſuivre nôtre route avec eux, ils paſſerent donc avec beaucoup moins de danger que nous.

Toute la troupe ſe voyant ainſi réunie à l'exception du chaſſeur, nous traverſâmes deux jours un païs de Cannes fort épaiſſes, le ſieur de la Salle frayant le chemin avec deux haches, & les autres de même pour casser les Cannes, enfin au troisiéme jour Nika nostre chasseur se retrouva chargé de trois Chevreüils boucanez, & d'un autre qu'il venoit de tüer, le sieur de la Salle fit faire la décharge de quelques fusils pour en témoigner sa joye.

Nous entrâmes depuis suivant toûjours l'Est dans des païs encore plus beaux que ceux que nous avions passé, nous trouvâmes des peuples qui n'avoient rien de barbare que le nom ; entr'autres nous eûmes à la rencontre un Sauvage fort honeste qui venoit de la chasse avec sa femme & sa famille qui fit present d'un de ses chevaux & de quelques viandes au sieur de la Salle, le pria avec tous ses gens d'aller chez luy, & pour l'y engager il nous laissa sa femme, sa famille & sa chasse comme pour gage, pendant qu'il alloit donner avis au Village de noſtre arrivée. Noſtre chaſſeur & un Laquais du ſieur de la Salle l'accompagnerent en ſorte qu'au bout de deux jours ils revinrent à nous avec deux chevaux chargez de proviſions & pluſieurs des Chefs, ils étoient ſuivis des guerriers habillez fort proprement de peaux paſſées & empanachées, portans le calumet en ceremonie, on les rencontra à trois lieuës du Village qui venoient audevant de nous, le Sieur de la Salle y fût reçeu comme en triomphe, logé chez le grand Capitaine, c'eſtoit un concours de peuple dont la jeuneſſe paroiſſoit rangée ſous les armes, ſe relevant jour & nuit, & au reſte nous comblans de biens & de toute ſorte de vivres. Cependant le sieur de la Salle craignant qu'une partie de son monde ne s'addonna aux femmes, les fit camper à trois lieuës du Village dans lequel nous demeurâmes trois ou quatre jours, & l'on traita des chevaux & tout ce que l'on avoit de besoin.

Ce Village qu'on appelle des Cœnis est un des plus considerables que j'aye trouvé dans l'Amerique, & l'un des plus peuplez, il a pour le moins vingt lieuës de long, non qu'il soit continüement habité mais par hameaux de dix & douze cabannes qui sont comme des cantons, ayant chacun des noms differens. Leurs cabannes sont belles de 40. à 50. pieds de hauteur, dressées en figure de ruches à Miel, on plante des arbres en terre qui se rejoignent en haut par les branches que l'on couvre d'herbe, les lits font placez autour des cabannes éleuez de terre de 3. ou 4. pieds: le feu est au milieu, chaque cabanne renferme deux familles.

Nous trouvâmes chez les Cœnis quantité de choses qui viennent indubitablement des Espagnols, comme des piastres & autres monnoyes, des cueilleres d'argent, de la dentelle de toute forte, des habits, des chevaux: nous y vîmes entr'autres une Bulle de Rome qui exempte du jeûne les Espagnols du Mexique durant l'Esté, les chevaux y sont communs, on nous les donnoit pour une hache, un Cœnis voulut m'en traiter un pour nostre Capuce dont il avoit envie.

Ils ont relation avec les Espagnols par le moyen des Choümans alliez des Cœnis & qui font toûjours en guerre avec la Nouvelle Espagne. Le sieur de la Salle leur fit faire sur de l'écorce une Carte de leur païs, de celuy de leurs voisins, & du Fleuve Colbert ou Missisipi dont ils avoient connoissance. Ils se contoient à six journées des Espagnols dont ils nous firent une description si naturelle, qu'il ne nous en resta plus aucun doute, quoyque les Espagnols n'eussent point encore entrepris de venir à leur Village, seulement leurs Guerriers se joignoient aux Choümans pour aller en guerre au nouveau Mexique, le sieur de la Salle qui sçavoit parfaitement l'art de gagner les Sauvages de toutes Nations, ravissoit à tous momens en admiration tous ces peuples, il leur disoit entr'autres choses que le Chef des François estoit le plus grand Capitaine du monde, aussi haut que le Soleil, & autant élevé au dessus de l'Espagnol, que le Soleil au dessus de la terre, au recit des victoires de nostre Monarque, ces peuples faisoient des exclamations mettans la main sur la bouche pour une marque d'étonnement, je les trouvay fort docils & traitables, & ils entroient assez dans ce que nous leur disions de la verité d'un Dieu.

Il y avoit alors des Ambassadeurs des Choümans qui nous rendirent visite, je fus agreablement surpris de leur voir faire le signe de la Croix, se mettre à génoux les mains jointes qu'ils élevoient de temps en temps au Ciel, ils me baisoient l'habit, me faisant entendre que des gens vétus comme nous inftruifoient les peuples de leur voifinage qui n'étoient qu'à deux journées des Efpagnols, où nos Religieux avoient de grandes Eglifes, dans lefquelles tout le monde s'affembloit pour prier, ils m'exprimoient naturellement les ceremonies de la fainte Meffe, l'un d'eux me fit un crayon d'un tableau qu'il avoit veu d'une grande femme qui pleuroit à caufe que fon fils eftoit deffus une Croix. Il nous dit que les Efpagnols faifoient une cruelle boucherie des Sauvages & qu'enfin fi nous voulions venir avec eux ou bien leur donner des fufils, il feroit facile de s'en rendre maiftre parce que c'eftoient des gens lâches qui n'avoient pas de cœur, & qui faifoient marcher des gens devant

devant eux avec un évantail pour les rafraichir dans la chaleur.

Aprés avoir demeuré là quatre ou cinq jours à nous refaire, nous poursuivîmes noſtre route par les Naſſonis, il faut paſſer une grande riviere qui traverſe par le milieu du grand Village des Cœnis. Ces deux Nations ſont alliées, & ont à peu prés le même genie & les mêmes coûtumes.

A cinq ou ſix lieuës de là, nous eûmes le déplaiſir de voir que quatre de nos hommes avoient deſerté à la faveur de la nuit, & s'eſtoient retiré chez les Naſſonis & pour comble de chagrin, le ſieur de la Salle & le ſieur de Moranger ſon neveu furent attaqués d'une violente fiévre qui les reduiſit à l'extremité, leur maladie fût

E e

longue & nous obligea de faire en cet endroit un fort long sejour, parce que la fievre les ayant quitté aprés de frequens accés, il fallut du temps pour les rétablir.

La longueur de cette maladie déconcerta toutes nos mesures, & fût depuis occasion des derniers malheurs qui nous arriverent, elle nous retarda plus de deux mois, il falloit vivre durant tout ce temps, la poudre commençoit à nous manquer, nous n'estions pas avancés de 150. lieuës en droite ligne, quelques uns de nos gens avoient deserté Dans une si fâcheuse conjonâture le sieur de la Salle prit le party de retourner sur ses pas au Fort Loüis, chacun y donna les mains, & nous reprîmes la route en droiture où il n'y arriva rien digne de remarque, sinon qu'en repassant la Maligne un de nos hommes fût emporté avec son Cajeu par un Crocodile d'une grosseur & d'une longueur prodigieuse.

Aprés un bon mois de marche où nos chevaux nous furent d'un grand secours, nous arrivâmes au Camp le 17 Octobre de la même année 1686, où nous fûmes reçeus avec tout l'accueïl qu'on peut juger, mais au reste dans des sentimens assez partagés de joye & de tristesse, chacun se racontant les avantures tragiques arrivées aux uns & aux autres depuis nostre separation.

Il seroit difficile de trouver dans l'Histoire un courage plus intrepide & plus invincible que celuy du sieur de la Salle dans les évenemens contraires, il ne fût jamais abatu, & il espéroit toûjours avec le secours du Ciel de venir à bout de son entreprise malgré tous les obstacles qui se presentoient.

Il demeura deux mois & demi à la baye saint Loüis, dont nous visitâmes ensemble toutes les rivieres qui s'y déchargent. Je sçai bien que de ma connoissance il y en a plus de 50 toutes navigables, venant de l'Oüest, & du Nordoüest, l'endroit où est le Fort est un peu sablonneux, par tout ailleurs on trouve bon fond, nous reconnûmes par tout des prairies où l'herbe est plus haute que nos froments dans toutes les saisons de l'année. Il y a des rivieres d'espace en espace, de deux à trois lieuës bordées de chesnes, d'épines, Meuriers & autres, ce qui continuë à l'Oüest jusques à deux journées des Espagnols.

Le Fort est bâti sur une petite élevation Nord & Sud, ayant la Mer au Sudest, des vastes prairies à l'Oüest, & au Sudoüest deux étangs & des bois d'une lieuë de tour, une riviere bat au pied, les Nations voisines sont les Quoaquis qui sont du Mahis & ont des chevaux à grand marché, les Bahamos & les Quinets Nations errantes avec qui nous estions en guerre. Le sieur de la Salle n'oublia rien durant tout ce temps pour consoler sa petite Colonie naissante, dont les familles se peuploient d'enfans, il fit beaucoup advancer les défrichemens des terres & les habitations ; le sieur de Chefdüille Prestre, le sieur Cavelier & nous trois Recollets travaillant de concert à l'édification des François & de quelques familles sauvages qui se détachoient des Nations voisines pour se joindre à nous, le sieur de la Salle faisant son possible durant tout ce temps pour apprivoiser les Barbares, la paix avec ces peuples estant de la derniere consequence pour l'établissement de la Colonie.

Enfin Monsieur de la Salle resolut de reprendre son voyage des Ilinois si necessaire pour son dessein, il fit une Harangue pleine d'éloquence & de cet air engageant qui luy estoit si naturel, toute la petite Colonie y estoit presente & en fût touchée jusques aux larmes, persuadée de la necessité de son voyage & de la droiture de ses intentions, plût à Dieu qu'ils eussent tous perseveré dans les mêmes sentimens, il fit achever de fortifier un grand enclos où estoient renfermées toutes les habitations avec le Fort, aprés quoy il choisit 20. hommes, le sieur Cavelier Prestre son frere, les sieurs Moranger & Cavelier ses neveux avec le sieur Joustel Pilote & moy, l'on fit les Prieres publiques: enfin nous partîmes le 7. Janvier 1687.

Dés le premier jour nous rencontrâmes une armée des Bahamos qui alloit en guerre aux Erigoanna, le sieur de la Salle fit alliance avec eux. Il voulut traiter de même avec les Quinets qui prirent la fuite à nôtre abord, mais les ayant joint à la course avec nos chevaux, on les traita avec tant d'humanité, qu'ils promirent une paix inviolable.

Au 4. jour trois lieuës au delà au Nordest, l'on trouve la premiere riviere aux Cannes, ce sont toutes prairies sur la route, & de petits bocages d'espace en espace, les terres sont si bonnes que les herbes croissent de dix à douze pieds de haut, il y a sur cette riviere quantité de Villages bien peuplez, nous ne visitâmes que les Quaras & les Anachorema.

Sur le même Rumb devant à trois lieuës plus loin, l'on trouve la seconde riviere aux Cannes habitée par differentes Nations, il y a des Campagnes de Chanvre.

A cinq lieuës plus avant l'on passe la Sablonniere riviere ainsi appellée par ce qu'elle est environnée de terres sablonneuses quoyque le reste soit bon fond & grandes prairies.

L'on

L'on marche sept ou huit lieuës jusques à la riviere Robec, passant par des prairies, & trois ou quatre rivieres éloignées d'une lieuë les unes des autres. La riviere de Robec est peuplée de plusieurs Villages nombreux dont les peuples parlent tellement du gozier, qu'il faut du temps pour s'y façonner ; ils ont guerre avec les Espagnols, & nous presserent fort de nous joindre, à leurs guerriers, mais il n'y avoit pas d'apparence de nous arrester, nous demeurâmes neanmoins cinq ou six jours avec eux, tâchant de les gagner par les presens & par les instructions Chrestiennes, qu'ils ne reçoivent pas des Espagnols.

Continuant la route l'on traverse de grandes prairies jusques à la Maligne. Cette riviere profonde où l'un de nos hommes avoit esté devoré par un Crocodile, elle vient de fort loin, & est habitée de quarante Villages bien peuplez qui composent une Nation que l'on appele les Quanoatinno qui fait la guerre aux Espagnols & domine sur les Nations voisines. Nous avons visité quelques-uns de ces Villages, ce sont de bons peuples, mais toûjours barbares, la cruauté des Espagnols les rendant encore plus farouches. Comme ils nous trouvoient d'une humeur plus traitable, ils estoient charmez de la nation, mais aprés ces presens reciproques il fallut se separer, on nous donna des chevaux à bon marché, & nous passâmes la riviere en Canot de peaux de bœufs.

Sur le même Rumb devant

environ quatre lieuës du même terrain extraordinairement fertil, nous paſſâmes en Cajeu la riviere Hiens puis faiſant route au Nord, Nordeſt, il fallut traverſer quantité de petites rivieres & de ravines navigables, l'hyver & le printemps, le terrain diverſifié, de prairies & de collines & de quantité de ſources, nous y trouvâmes trois grands Villages, les Taraha, Tyaxappan, & Palonna qui ont des chevaux. A quelques lieuës delà nous rencontrâmes les Paliqueſſon, compoſez de dix Villages alliez des Eſpagnols.

Ce fût aprés avoir paſſé ces Nations que nous arriva le plus deſolant de tous nos malheurs par le meurtre que l'on fit de Monſieur de la Salle, du ſieur de Moranger & de quelques autres; noſtre ſage conducteur ſe trouvant en un païs de grande chaſſe, aprés que tout ſon monde ſe fût nourri & refait durant quelques jours de toute ſorte de bonnes viandes avoit envoyé le ſieur de Moranger; ſon Laquais nommé Saget, & ſept ou huit de ſes gens à l'endroit où Nika noſtre chaſſeur & Sauvage Chaoüenon avoit laiſſé quantité de bœufs pour les faire boucaner, afin de n'eſtre pas obligé de ſejourner ſi ſouvent pour aller à la chaſſe.

La ſageſſe de Monſieur de la Salle n'avoit pû prevoir le complot qui ſe feroit entre quelques uns de ſes gens de maſſacrer ſon neveu, comme ils en prirent tout à coup la reſolution, & l'exécuterent le 17. Mars par un coup de hache qu'eluy porta l'un d'eux que la charité ne me

permet pas de nommer, ils
tuerent de même le valet du
sieur de la Salle, & le Sauvage
Nika qui au peril de sa vie les
nourissoit depuis plus de trois
ans, le sieur de Moranger languit encore deux heures de
temps, durant lesquelles il
donna toutes les marques d'une
mort precieuse devant Dieu,
pardonnant à ses meurtriers,
les embrassant même, & produisant tous les actes de douleur & de contrition comme il
nous le reciterent eux-mêmes
aprés qu'ils furent revenus de
leur grand aveuglement; c'étoit un parfaitement honneste
homme & un bon Chrestien
qui se confessoit même dans la
route tous les huit à quinze
jours, j'ay tout sujet d'esperer
que Dieu luy aura fait misericorde.

Ces miserables resolurent de n'en pas demeurer là, & non contens de ce meurtre, ils formerent le dessein d'attenter encore sur la vie de leur maistre, de qui ils avoient sujet de craindre le ressentiment & la punition. Nous estions éloignez de deux grandes lieuës, le sieur de la Salle inquieté du retardement du sieur de Moranger & de ses gens dont il estoit separé depuis deux ou trois jours dans la crainte qu'ils n'eussent esté surpris par les Barbares, me pria de l'accompagner, il prit encore deux Sauvages avec luy. Durant toute la route, il ne m'entretenoit que de matieres de pieté, de grace, & de predestination s'étendant beaucoup sur les obligations qu'il avoit à Dieu de l'avoir sauvé de tant de perils, depuis plus de 20. années qu'il parcouroit l'Amerique, il me paroissoit extraordinairement penetré des bienfaits de Dieu en son endroit ; lorsque je le vis tout à coup accablé d'une profonde tristesse dont il ignoroit luy même la cause, il fût troublé en sorte que je ne le connoissois plus, cette situation d'esprit ne luy estant pas ordinaire, je le réveillay neanmoins de son assoupissement, & au bout de deux lieuës nous trouvames la cravatte sanglante de son Laquais, il s'apperçût de deux Aigles qui voltigeoient sur sa teste, & en même temps il découvrit de ses gens sur le bord de l'eau dont il s'approcha & leur demandant des nouvelles de son neveu, ils nous répondirent par paroles entrecoupées, nous montrant l'endroit où nous trouverions ledit ſieur. Nous les ſuivîmes quelques pas le long de la rive juſques au lieu fatal, où deux de ces meurtriers eſtoient cachez dans les herbes, l'un d'un côté & l'autre de l'autre avec leurs fuſils bandez, l'un des deux manqua ſon coup, le ſecond tira en même temps & porta du même coup dans la teſte de Monſieur de la Salle qui en mourut une heure aprés, le dix-neuviéme Mars 1687.

Je m'attendois bien au même ſort, mais ce danger ne m'occupoit point du tout, penetré que je fus de douleur d'un ſpectacle ſi cruel, je le vis tomber à un pas de moy la face pleine de ſang que j'arroſay de mes larmes, en l'exortant de mon mieux à faire une bonne mort, il s'eſtoit confeſſé & avoit fait ses devotions sur le point de nostre départ il eût encore le temps de me recapituler une partie de sa vie, & je luy donnay l'absolution. Il s'exerça en tous les actes d'un bon Chrestien durant les derniers momens me serrant la main à chaque parole que je luy disois, & sur tout au pardon de ses ennemis pendant que ces meurtriers autant effrayez que moy commençoient à se fraper la poitrine & à détester leur aveuglement, je ne voulus point sortir delà aprés qu'il eût expiré sans l'avoir enseveli & enterré le mieux qu'il me fût possible avec une Croix que je plaçay sur sa sepulture.

Ainsi mourut nostre sage conducteur constant dans les adversitez, intrepide, genereux, engageant, adroit, habile, & capable de tout, celuy qui depuis 20. ans avoit adouci l'humeur farouche d'une infinité de Nations barbares fût massacré par les mains de ses propres domestiques qu'il avoit comblé de caresses, il mourut dans la force de l'âge au milieu de sa course & de ses travaux sans en avoir vu le succés.

Je m'entretenois dans ces pensées que luy-même nous avoit cent fois suggerées en nous racôtant les Histoires des nouvelles découvertes & j'adorois sans cesse les desseins inscrutables de Dieu dans cette conduite de sa Providence, incertain que j'estois du sort qu'elle nous destinoit, nos scelerats ne machinant rien moins que nostre perte. Nous arrivâmes enfin où estoit Monsieur Cavelier, les assasins entrerent brusquement dans la cabanne, & se saisirent de tout ce qui s'y trouva, j'estois arrivé un moment devant eux, je n'eus pas besoin de parler, car à ma seule veuë tout baigné que j'estois de larmes le sieur Cavelier s'écria de toute sa force, ha, mon pauvre frere est mort! Ce saint Ecclesiastique d'une vertu si souvent éprouvée dans les travaux Apostoliques du Canada se jetta en méme temps à genoux, le sieur Cavelier son neveu, quelques autres & moy en fimes de même pour nous disposer à mourir de la même mort, cependant ces malheureux touchez de quelques sentimens de compassion à la veuë de ce venerable vieillard, & d'ailleurs à demy penitens des massacres qu'ils avoient faits, resolurent de nous épargner, à condition de ne jamais revenir en

France, mais comme ils flottoient encore & que plusieurs d'entr'eux avoient envie de revoir leur patrie, nous les entendions souvent dire ensemble qu'il falloit se défaire de nous & qu'autrement nous les accuserions devant les Juges, si nous les tenions une fois dans le Royaume.

Ils élurent pour leur chef le meurtrier du sieur de la Salle, & enfin aprés plusieurs déliberations ils resolurent de pousser jusques à cette fameuse Nation des Cœnis, marchant donc tous ensemble durant plusieurs jours, traversant les rivieres & les ravines où par tout ces miserables se servoient de nous comme de vallets, ne nous donnant même que leurs restes : nous y arrivâmes sans accident.

Cependant la justice de Dieu

minutoit la punition de ces homicides au defaut de la justice seculiere, la jalousie & l'ambition de commander se mit entre Hens & le meurtrier du sieur de la Salle, chacun de la troupe criminelle prit son party pour l'un ou pour l'autre, nous avions passé les Cœnis, où nous avions fait quelque sejour & nous estions déja aux Nassonis où les quatre deserteurs dont j'ay parlé dans nostre premier voyage, nous rejoignirent. La veille de l'Ascension nous voyans tous assemblez, & nos malheureux dans la resolution de se tüer les uns & les autres, je leur fis une exhortation le jour de la Feste dont ils parurent touchez, & resolus de se confesser, mais cela ne dura pas, ceux qui avoient le plus de regret du massacre de leur conducteur & de leur maitre s'estoient rangez du côté d'Hiens, lequel deux jours aprés trouvant son avantage voulut punir un crime par un autre, il tira à nostre presence un coup de pistolet au meurtrier du sieur de la Salle dans le cœur, dont il mourut au moment sans confession & sans pouvoir prononcer un *Jesus Maria*. Un autre qui estoit avec Hiens lacha de même un coup de fusil dans le côté du meurtrier du sieur de Moranger. Il eût le temps de se confesser, aprés quoy un François luy tira un coup de fusil sans balle à la teste, le feu prit à ses cheveux & deià à sa chemise, & à ses habits qui grilloit à veuë, & il expira en ce tourment. Le troisieme auteur du complot & du meurtre prit la fuite. Hiens vouloit s'en défaire & achever par luy de vanger la mort du sieur de la Salle, mais le sieur

Joutel fit la reconciliation, & on en demeura là.

Par ce moyen Hiens restoit le chef de la malheureuse troupe, il fallut retourner aux Cœnis où ils avoient dessein de s'habituer n'osant pas revenir en France par la crainte de la punition.

Une armée de Cœnis estoit preste à partir en guerre contre les Kanoatinno peuples cruels, à leurs ennemis qu'ils mettent tous vifs en la chaudiere, les Cœnis emmenerent nos François avec eux, & nous attendîmes leur retour aprés lequel Hiens nous invita fort de demeurer avec eux; mais nous n'y voulûmes pas consentir.

Nous partîmes donc des Cœnis six François entre lesquels estoient les sieurs Cavelier oncle & neveu, & le sieur Joutel. On nous donna chacun un cheval, de la poudre, & du plomb, & quelques marchandises pour nous défrayer sur la route. Nous arrestâmes aux Nassonis pour y celebrer l'Octave de la Feste Dieu, ils nous entretenoient tous les jours des effets de la cruauté des Espagnols à l'endroit des Ameriquains, & nous dirent que 20 Nations Sauvages alloient en guerre contre l'Espagnol, nous invitant d'aller avec eux, & que nous en ferions plus avec nos fusils que tous leurs guerriers avec leurs masses & leurs fleches, mais nous avions bien d'autres desseins, nous prîmes seulement occasion de leur faire entendre que nous venions de la part de Dieu pour les instruire de la verité & pour sauver leurs ames, ce fût à quoy nous employâmes dix ou douze jours de temps

temps jufques au troifiéme Juin Fefte de faint Antoine de Pade que le fieur de la Salle avoit pris pour protecteur de fon entreprife.

Ils nous donnerent deux Sauvages pour nous fervir de guide & nous continuâmes noftre roure par les plus beaux païs du monde au Nord, Nordeft, on paffe quatre grandes rivieres & plufieurs ravines peuplées de quantité de Nations, nous reconnûmes les Haquis à l'Eft, les Nabiri & les Naanfi, toutes Nations nombreufes qui ont guerre contre les Cœnis, & enfin le 23. Juin nous approchâmes des Cadodacchos, l'un de nos Sauvages prit les devants pour annoncer nôtre venuë, les chefs & la jeuneffe que nous trouvâmes à une lieuë du Village nous reçurent avec le calumet dans les quelon nous donna à fumer, les uns conduisoient nos chevaux par la bride, & les autres nous portoient comme en triomphe, nous prenans pour des esprits, & des gens de l'autre monde.

 Tout le Village assemblé les femmes selon leur coûtume, nous laverent la teste & les pieds avec de l'eau chaude, & puis on nous plaça sur une estrade couverte de natte blanche fort propre, suivirent les festins, les danses du calumet & autres réjoüissances publiques le jour & la nuit, ces peuples ne connoissent point d'Europeans que par reputation, ils ont aussi bien que les autres par où nous avions passé quelques idées de Religion fort confuses & adorent le Soleil, leurs habits de ceremonie portent deux Soleils figurez, & sur le reste du corps des representations de Bœufs, de Cerfs, de Serpens & autres animaux, ce qui nous donna occasion de leur faire quelques leçons sur la connoissance du vray Dieu & sur nos principaux Mysteres.

Dans cet endroit il plût à Dieu de nous traverser par un accident tragique; le sieur de Marne malgré tout ce qu'on peut luy dire, voulut se baigner le soir du 24; le sieur Cavelier neveu l'accompagna jusques sur le bord de la riviere assez proche du Village, de Marne se jetta dans l'eau & disparut en même temps, c'estoit un abîme où il fût englouti dans le moment. Peu d'heures aprés on retira son corps qui fut porté chez le Capitaine, tout le Village pleura sa mort, en ceremonie, la femme du chef l'enseveli proprement dans une belle nappe, pendant que les jeunes gens creuserent la fosse que je benis le lendemain, & nous luy donnâmes sepulture avec toute la solemnité qui fût possible, les Sauvages admiroient nos ceremonies, de quoy nous prîmes sujet de leur donner plusieurs instructions durant huit jours que nous restâmes dans ce lieu fatal, le mort fût enterré sur une eminence proche du Village, son tombeau entourré d'une palissade avec une grande Croix dessus que nous fimes dresser par les Sauvages aprés quoy nous partîmes le 2 Juillet.

Ces peuples sont sur le bord d'une grande riviere où sont encore trois Nations fameuses, les Natchoos, les Natchites, les Ouidiches, nous y fûmes reçûs fort humainement. Depuis la riviere des Cœnis où l'on commence à trouver des Castors & des Loutres, à mesure que l'on avance en deça, il y en a en plus grande quantité. Aux Ouidiches nous rencontrâmes trois guerriers de deux Nations appellées les Cahinnio & les Mentous à 25. lieuës plus avant tirant à l'Est, Nordest qui avoient vu des François, ils s'offrirent de nous y accompagner, il fallut passer jusques la quatre rivieres en Cajeux. L'on nous y reçût le calumet de paix en main avec toutes les marques de joye & d'estime Plusieurs de ces Sauvages nous parlerent d'un grand Capitaine qui n'avoit qu'un bras, c'estoit Monsieur de Tonty qu'ils disoient avoir vu & qu'il leur avoit dit qu'un plus grand Capitaine que luy pasferoit par leurs Villages, c'eſtoit Monſieur de la Salle.

Le Chef nous logea dans ſa cabanne, & en fit ſortir ſa famille, l'on nous y regala durant pluſieurs jours de toute ſorte de viandes, on fit même un feſtin public où le calumet fût danſé durant vingt-quatre heures, avec des chanſons faites exprés, que le Chef entonnoit de toute ſa force, nous traitant de gens de Soleil qui venoient les deffendre de leurs ennemis par les coups de nos tonnerres. Au milieu de ces réjoüiſſances le petit Cavelier tira trois coups de piſtolet en criant vive le Roy, ce que ces Barbares repetoient à grands cris, y ajoûtant vive le Soleil, ces Sauvages ont des quantitez prodigieuſes de Caſtors & de Loutres, dont le tranſport feroit facile par une rivière qui eſt voiſine du Village, ils voulurent en charger nos chevaux, mais nous les refuſâmes pour témoigner noſtre deſintereſſement, nous leur fimes des preſens de haches & de coûteaux, & en partîmes avec deux Cahinnio pour nous ſervir de guide aprés avoir reçû les ambaſſades des Analao & des Tanico, & de quelques autres Nations du Nordoüeſt & du Sudeſt Ce fût un plaiſir de traverſer durant quelques jours les plus beaux païs entrecoupez de pluſieurs rivieres, de prairies, de petits bois & de côteaux de vignes, nous paſſâmes entr'autres quatre grandes rivieres navigables, & enfin aprés une marche d'environ ſoixante lieuës, nous arrivâmes aux Oſotteoez qui habitent une grande riviere qui vient du Nordoüeſt bordée des plus beaux bois du monde, les peaux de Castors & de Loütres s'y trouvent par tout en si grande quantité & toute sorte de pelleteries, qu'on les y brûle à tas, n'y estant d'aucune valeur ; c'est la fameuse riviere des Achansa qui y forme quantité de Villages nombreux, ce fût en cet endroit où nous commençames de nous reconnoistre, y trouvant une grande Croix & au bas les armes du Roy avec une maison à la Françoise devant laquelle nos gens ayant déchargé leurs fusils, nous en vînes sortir deux François, le Commandant s'appelloit Coûture qui nous apprit que le sieur de Tonty les y avoit établis pour servir d'entrepause au sieur de la Salle, pour maintenir l'alliance avec ces Nations & pour les mettre en seureté contre *dans la Nouvelle France.* 357.

tre les attaques des Iroquois, nous visitâmes trois de ces Villages, les Torimans, les Doginga & les Kappa, où l'on fit par tout les festins, les harangues, les danses, du calumet avec toutes les marques de joye, nous estions logez dans la maison Françoise où ces Messieurs nous firent tout l'accüeil que l'on peut souhaiter, nous rendant maistres de tout. Quelques affaires qu'il y ait à decider parmy ces Nations, jamais ils ne donnent leur resolution sur le champ, l'on convoque les Chefs, & les Anciens, & l'on délibere sur les choses dont il s'agit, nous leur avions demandé une Pirogue & des Sauvages pour remonter le Fleuve Colbert, & delà pousser aux Ilinois par la riviere de Seignelay, nous offrant de leur laisser nos chevaux, de la poudre & du plomb, le conseil tenu il fût dit que l'on nous accorderoit la Pirogue & quatre Sauvages qui seroient choisis, un de chaque Nation en témoignage d'une plus étroite alliance, ce qui fût executé fidellement, si bien que nous congediâmes nos Cahinnio avec des presens dont ils furent satisfais.

Enfin aprés quelque temps de sejour nous nous embarquâmes le premier d'Aoust 1687. sur le Fleuve Colbert que nous traversâmes le méme jour dans nostre Pirogue qui estoit de 40. pieds de long, mais comme le courant est fort, nous descendîmes tous à terre pour faire le reste de nostre voyage à pied, ayant laissé nos chevaux & nos équipages aux Akansa, il ne demeura dans le Canot que le sieur Cavelier dont l'âge joint aux fatigues du chemin que nous avions déja fait ne luy permettoit pas d'achever à pied noſtre courſe qui eſtoit bien encore de 400 lieuës juſques aux Ilinois. Un Sauvage eſtoit dans le Canot pour percher l'un de ſes camarades, le relevant de temps en temps; pour nous autres nous ne nous ſervions de la Pirogue que lorſqu'il eſtoit neceſſaire de franchir quelque paſſages dangereux ou de traverſer de rivieres. Ce ne fût pas ſans beaucoup de peine, car les chaleurs exceſſives de la ſaiſon & le ſable brûlant des ardeurs du Soleil jointes à la diſete de vivre durant pluſieurs jours nous donnerent de quoy paſtir.

Nous avions bien fait déja trois cens cinquante lieuës par le travers des terres depuis la

Baye de faint Loüis, fçavoir 100. lieuës jufques aux Cœnis, foixante au Nord, Nordeft, les 40. dernieres à l'Eft, Nordeft, des Cœnis, aux Naffonis 25, à l'Eft, Nordeft, des Naffonis aux Cadodacchos, 40 au Nord, Nordeft, des Cadodacchos aux Cahinnio & aux Mentous 25, à l'Eft, Nordeft, des Cahinnio aux Akanfa 60, à l'Eft, Nordeft.

Nous continuâmes donc nôtre route en remontant le Fleuve par les mêmes endroits où le fieur de la Salle avoit paffé autrefois quand il fit fa premiere découverte dont je luy avois fouvent oüy parler, excepté que nous allâmes aux Sicacha où il n'avoit pas efté. Le Village principal, eft à 25. lieuës à l'Eft des Akanfa, cette Nation eft fort nombreufe, ils font au moins 4000 guerriers ayant en abondance de toutes sortes de pelleteries, les chefs sont venus plusieurs fois apporter le calumet, voulant s'allier aux François & se mettre sous leur protection, s'offrant même de venir habiter la riviere Oüabache pour estre plus proche de nous.

Cette fameuse riviere est bien aussi grande que le Fleuve Colbert en recevant quantité d'autres par lesquelles l'on peut entrer dans le Fleuve. L'embouchure par où elle se décharge dans le Fleuve est éloignée des Akansa, de 200 lieuës selon l'estime du sieur de la Salle qui me l'a dit souvent, & de 250. selon Monsieur de Tonty & ceux qui l'ont accompagné à son second voyage de la Mer, non qu'il y aye cela en droite ligne, & par les prairies, mais bien en suivant le Fleuve qui fait de grandes anses & tourne beaucoup, car en coupant par terre il n'y auroit que cinq bonnes journées. Nous passâmes donc par le travers d'Oüabache le 26. du mois d'Aoust, & nous trouvâmes bien 60 lieuës toûjours en remontant le Fleuve jusques à l'embouchure de la riviere des Ilinois. Environ 6 lieuës au dessous de ladite embouchure est au Nordoüest la fameuse riviere des Massourites ou des Ozages du moins aussi grande que le Fleuve dans lequel elle se décharge, elle est formée de quantité d'autres rivieres connuës & par tout navigables & habitées de plusieurs Nations fort nombreuses ; les Panimaha qui n'ont qu'un Chef & ont 22. Villages dont le moindre est de deux cens cabannes, les Paneaſſa, les Pana, les Paneloga, & les Matorantes, dont chacun en particulier ne cede rien aux Panimaha, on y comprend auſſi les Ozages qui font dix-ſept Villages ſur la riviere de leur nom qui ſe décharge dans celle des Maſſourites, à laquelle les Cartes ont auſſi étendu le nom des Ozages, les Akanſa eſtoient autrefois établis au haut de l'une de ces rivieres, mais les Iroquois les en ont fait ſortir par de cruelles guerres depuis quelques années, en ſorte qu'ils ont eſté obligez auſſi bien que quelques Villages des Ozages de deſcendre & de s'habituer ſur la riviere qui porte aujourd'huy leur nom, & de laquelle j'ay parlé.

Environ le milieu du chemin de la riviere Oüabache à celle

des Maſſourites. L'on trouve le Cap ſaint Antoine, ce fût juſques là ſeulement, non plus outre que le ſieur Jolliet deſcendit en 1673, ils y furent pris par les Manſopela avec leur équipage, ces barbares leur ayant fait connoîtrre qu'ils ſeroient tuez, s'ils alloient plus loin, ils rebrouſſerent chemin n'ayant pas deſcendu plus bas que trente ou quarante lieuës au deſſous de la riviere des Ilinois.

J'avois apporté avec moy le Livre imprimé de cette découverte pretenduë, & je remarquois dans toute ma route qu'il n'y avoit pas un mot de veritable, on dit qu'il a eſté juſques aux Axanſa & qu'il fût obligé de retourner crainte d'eſtre pris des Eſpagnols, & cependant les Akanſa nous aſſeuroient n'avoir jamais vû d'autres Europeans avant Monsieur de la Salle, l'on dit qu'ils ont vû des monstres dépeints que les gens les plus hardis auroient peine de regarder, & qu'il y avoit quelque chose de surnaturel. Ce monstre épouvantable est un cheval dépeint, à un rocher avec du matachia & quelques autres bestes sauvages faites par les Barbares. Il est dit qu'on ne sçauroit y atteindre & cependant je les ay touché tous sans peine, ce qui est de vray est que les Miamis poursuivis par les Matsigamea s'estant noyez dans la riviere, depuis ce temps là quand les Sauvages passent devant ils presentent du Tabac à ces Marmousets afin d'appaiser le Manitou.

J'aurois peine de croire que le sieur Jolliet avoüa l'imprimé de cette découverte, qui en effet n'est pas sous son nom, & qui n'a esté mis au jour que depuis la premiere découverte faite par Monsieur de la Salle, il seroit facile de montrer qu'elle n'a esté imprimée que sur de faux Memoires, ausquels l'auteur qui n'a point esté sur les lieux auroit pû se conformer de bonne foy.

Enfin le 5. Septembre nous arrivâmes à l'embouchure de la riviere des Ilinois, l'on compte bien prés de 100. lieuës delà au Fort de Creve-cœur, toute cette route presentant une navigation fort aisée. Un Chaoüenon nommé Turpin nous ayant apperçu à son Village, courut au Fort pour en porter la nouvelle au sieur de Belle-Fontaine Commandant qui ne pouvoit y ajoûter foy, nous suivions de prés le Sauvage &

nous entrâmes au Fort le 14. Septembre. On nous conduisit à la Chapelle où le *Te Deum* fût chanté en action de graces, les François & les Sauvages sous les armes au bruit & à la décharge des fusils. Le sieur de Tonty Gouverneur du Fort estoit allé aux Iroquois pour ménager l'esprit de ces Barbares, nous ne laissâmes pas d'y recevoir tout le bon accüeil, le Commandant n'oubliant rien pour témoigner sa joye de nostre arrivée, nous consoler de nos disgraces, & nous rétablir de nos fatigues.

Quoyque la saison fût avancée nous estions neanmoins partis à dessein d'arriver à Quebec assez tost pour passer en France, mais les vents contraires nous ayant arrestez quinze jours à l'entrée du Lac Dauphin, il fallut relâcher & hyverner au Fort;

où nous avons fait la Mission jusques au Printemps de 1683.

Le sieur de Tonty y arriva au commencement de l'hyver avec plusieurs François, le séjour nous en fût beaucoup plus agreable, ce brave Gentilhomme estant toûjours inseparablement attaché aux interests du sieur de la Salle, dont nous luy avons caché la déplorable destinée, estant de nostre devoir d'en donner les premieres nouvelles à la Cour.

Il nous apprît qu'en même temps que nous cherchions par Mer le Fleuve de Missisipi, il estoit descendu un second voyage par le même Fleuve avec des François & des Sauvages jusques à l'embouchure, esperant nous y trouver, qu'il y sejourna huit jours, & en visita tous les endrois principaux, il remarqua qu'il y avoit un tres-beau Port, belle entrée, grand Canal, des endrois propres à bâtir des forteresses & nullement inondées, comme il l'avoit crû lorsqu'il y descendit la premiere fois avec le sieur de la Salle, ajoûtant que le bas de la riviere est habitable, & même habité par des Villages sauvages que les Vaisseaux peuvent monter du Golphe cent lieuës avant dans le Fleuve. Qu'outre les Nations qu'il avoit découvertes en descendant la premiere fois il en avoit reconnu plusieurs autres au second voyage, comme les Picheno, les Ozanbogus, les Tangibao, les Otonnica, les Mausopelea, les Mouisa, & quantité d'autres dont je ne me souviens pas.

Les entretiens que nous avons eu ensemble m'ont confirmé dans les sentimens du sieur de la Salle, qui estimoit que la Baye de saint Loüis ne pouvoit pas estre à plus de quarante à cinquante lieuës de l'embouchure d'un des bras du Fleuve Colbert à aller en droite ligne, car si nous n'avons trouvé ledit Fleuve qu'aux Akansa, c'est parce que nous prenions la route des Ilinois par le travers des terres, Dieu nous ayant conduit par ces endrois pour faire la découverte de tous ces peuples qui y habitent.

J'avois remarqué 110 Nations peuplées sur ma route sans y comprendre un grand nombre d'autres que j'ay aprises de celles par où nous avons passé, & qui en ont connoissance par la guerre, ou par le commerce. La plus grande partie de ces peuples sont inconnus aux Europeans.

Ce sont les païs du monde les plus beaux & les plus fertils, les terres y portant deux fois l'année de toute sorte de grains prestes à recevoir la charuë, de grandes prairies d'espace en espace où il y a des herbes de dix à douze pieds de haut en toutes saisons, il s'y trouve des rivieres de proche en proche & des Fleuves où elles entrent par tout navigables sans aucun Sault, des forests sur les rivieres remplies d'arbres de toutes especes distribuez, en sorte que l'on y peut aller par tout à cheval.

La chasse y est si abondante & si aisée; sur tout des Bœufs sauvages, qu'on en decouvre des troupeaux à millier, il y a des Chevreüils & autres bestes fauves en quantité, de même des Coqs d'Inde, Oütardes,

Perdrix, Perroquets, Lapins, Lievres, les volailles y sont communes & produisent en toute saison, & les porcs plusieurs fois l'année, comme nous l'avons reconnu à l'habitation où nous en avons laissé plus de deux cens.

Les rivieres y sont extraordinairement abondantes en toute sorte de poissons, en telle quantité, que nous les prenions à la main au pied du Fort sans nasse ny filet, nos gens enleverent un jour à des Sauvages une teste de poisson qui seule faisoit la charge d'un homme. Il n'y a pas d'habitant lequel arrivant dans le païs ne trouve d'abord de quoy faire subsister largement une famille nombreuse, & qui en moins de deux années de temps ne soit établi aussi commodement qu'en pas un endroit de l'Europe. J'ay déja remarqué

remarqué que les chevaux pour toute sorte d'usage y sont fort communs, en sorte que les Sauvages se croyent bien payez d'un bon cheval quand on leur donne une hache.

Le commerce y pourra estre tres-grand en toutes sortes de pelleteries, en tabac, & en coton, les chanvres y viennent tres-beaux & comme les Campagnes sont pleines de Meuriers qui bordent aussi les rivieres, l'on y auroit quantité de soye, les Cannes de Sucre y viendront bien, on en peut facilement avoir par le commerce des Isles de l'Amerique, à l'exemple des Nations Europeannes de terre ferme qui sont voisines de la Loüisiane.

Outre la grande quantité de laine dont les Bœufs du païs sont chargez, les vastes prairies y donnent par tout moyen de nourrir des troupeaux de moutons & brebis qui portent deux fois l'année.

Les differentes traverses qui nous sont arrivées ne nous ont pas permis de rechercher les tresors de ces contrées, nous y avons trouvé du plomb tout formé & du cuivre prest à mettre en œuvre, les Sauvages nous ont dit qu'ils ont des rivieres où il se trouve des mines d'argent, d'autres nous ont voulu conduire en guerre dans un païs connu des Espagnois pleins de mines d'or & d'argent, il y a quelques Villages où les habitans ont des perles qu'ils vont chercher sur les bords de la Mer, & qu'ils disent prendre dans les huistres.

Nous avons peu connu de Nations en 150, ou 200 lieuës de païs depuis la Mer qui ne soient prevenus contre les Espagnols, à cause de leur grande cruauté, elles sont toutes fort peuplées, & il y en a telle qui fourniroit en guerre jusques à cinq mille hommes.

Le peu de sejour que nous avons fait chez ces peuples ne nous a pas donné le temps d'y jetter les fondemens solides du Christianisme, mais nous y avons remarqué beaucoup de disposition à la Foi, ils sont dociles, charitables, fideles, susceptibles de bonnes impressions, il y a même quelque police & subordination, mais toûjours barbares, l'on pourra avec l'aide de Dieu y faire du progres pour la Religion ; le Soleil est leur Divinité à qui ils presentent en sacrifice le meilleur de leur chasse dans la cabanne du Chef.

ils font une demie heure de prieres sur tout au lever du Soleil. Ils luy envoyent la premiere fumée de leur pipe, & puis aux quatre parties du monde.

J'eſtois parti de la Baye ſaint Loüis au ſecond voyage dans le deſſein de demeurer aux Cœnis pour y établir la Miſſion, & le Pere Zenobe devoit m'y venir joindre pour nous étendre chez les peuples voiſins en attendant de France un plus grand nombre d'ouvriers, mais la triſte mort du ſieur de la Salle m'ayant obligé de paſſer outre, je ne doute pas que le Pere ne m'y ſoit venu chercher, il y eſt peut-eſtre à préſent avec le Pere Maxime, & ils auront laiſſé Monſieur de Chefdeüille à la Miſſion du Port, à laquelle il ſe deſtinoit à noſtre départ : il y avoit neuf ou dix familles françoises avec leurs enfans, & outre cela plusieurs de nos gens ont esté chercher & ont épousé des Sauvagesses pour multiplier la Colonie, je ne sçais point ce qu'il leur sera arrivé depuis.

C'est icy un extrait fidele de ce que le Pere Anastase a pû se souvenir de son penible voyage. Il partit des Ilinois au Printemps de 1688 avec Monsieur Cavelier, Monsieur son neveu, le sieur Joüstel & un Sauvage qui est aujourd'huy habitué auprés de Versailles, ils arriverent à Quebec pour le 27. Juillet, & firent voile pour France le 20 Aoust, où Dieu leur a fait la grace de se trouver ensemble à Paris aprés avoir essuyé tant de perils, ils rendirent compte de tout à feu Monsieur le Marquis de Seignelay.

CHAPITRE XXVI.

La Nouvelle France victorieuse par Mer & par Terre contre les Anglois, & les Sauvages par les armes triomphantes de Sa Majesté en 1690.

LA Loüisiane n'estoit pas la seule partie de la Nouvelle France dont il avoit plû à Dieu de traverser les établissements, & les progrez le Canada soûtenoit en même temps de terribles épreuves par les incursions des Iroquois, ces Barbares qui aimoient & qui redoutoient également Monsieur de Frontenac s'estoient revoltez peu de temps après so nretour en France, & quoyque rien n'eût manqué du côté de la valeur & du courage de nos François, & de la bonne & sage conduite des Chefs, que l'on eût même fait de grandes & heureuses expeditions contre les ennemis, ces Barbares avoient eû depuis leur revanche, & comme si le Ciel eût esté de concert, deux maladies populaires d'une espece de contagion nous ayant enlevé en un an plus de deux mille cinq cens hommes, trouvant la Colonie diminuée les Sauvages avoient pillé & brûlé les Villages & les habitations un peu avancées, desolé nos Campagnes, tué un grand nombre de nos Braves en differentes rencontres, enlevé plusieurs prisonniers, leur faisant souffrir mille cruautez, lorsque pour comble de malheur les Anglois s'estant joint aux Nations barbares, ils avoient ébranlé celles qui nous estoient de tout temps alliées, nous avions esté obligé d'abandonner les Forts qui étoient à la teste du païs, & qui en faisoient la deffense principale, & enfin la condition du Traité de ces ennemis communs estoit de ne point mettre les armes bas qu'après la destruction totale des François. A cet effet l'armée de terre devoit attaquer par le haut du païs pendant que la Flotte Angloise le prendroit par le bas du Fleuve, afin que rien n'échapât à leur fureur.

Dieu se plaist souvent de reduire les choses à l'extremité pour nous obliger de recourir à luy, & de reconnoistre que nous luy sommes uniquement redevables quand il nous preserve des derniers malheurs contre toute esperance espérance humaine, d'ailleurs la Colonie ne connoissoit pas encore sa force, & Dieu vouloit bien étendre jusques à l'autre hemisphere les grandes benedictions qu'il donnoit en Europe à la justice des armes du Roy, en sauvant l'Eglise & la Colonie de la Nouvelle France des entreprises des Heretiques & des Infideles qui en avoient conjuré la perte.

Sa Majesté y avoit renvoyé Monsieur le Comte de Frontenac pour en reprendre le gouvernement, il arriva à Quebec le 14. Octobre 1689. trouvant le païs dans un état bien different, de l'état paisible & florissant auquel il l'avoit laissé, mais au reste les troupes & les habitans ranimez d'un nouveau courage par la presence de ce Gouverneur, déclarant que dés lors ils se tenoient assûrez contre les attaques de leurs ennemis.

Un des principaux sujets du mécontentement de l'Iroquois estoit que 40. des leurs avec un de leurs chefs principaux nommé Oneoüaré avoit esté envoyé en France pour estre conduit aux galleres, le Roy avoit eu la bonté de donner la liberté à ceux de cette troupe qui restoient en vie, & de les renvoyer en Canada avec Monsieur le Comte de Frontenac qui avoit gagné leur affection par les bons traitemens qu'il leur avoit faits dans la route, de sorte que la premiere application de ce nouveau Gouverneur fût de calmer les Iroquois par le moyen de ceux-cy.

A cet effet il monta d'abord au Mont-Real d'où il envoya

quatre de ces Iroquois affranchis porter la nouvelle de leur retour à Onontaé qui est le principal Village des cinq Nations Iroquoises & où se traitent leurs principales affaires, ces quatre députez n'alloient que de la part d'Oreoüaré pour inviter les Cantons à venir salüer Onontio leur pere, & le remercier des bontez qu'il avoit eu de ramener leur chef qu'ils croyoient perdu pour jamais. Onontio veut dire grande montagne, c'est le nom dont les Sauvages appellent nos Gouverneurs generaux. Monsieur de Frontenac pour s'attirer également l'amour & le respect des Barbares y avoit ajoûté le nom de pere, ne les traitant que de ses enfans.

Monsieur de Frontenac reçût en même temps la fâcheuse nouvelle que les Nations d'en haut Hurons, Outaoüacs, & Algomquins qui avoient esté de tout temps nos alliez traitoient ouvertement avec les Iroquois, le sieur Joliet étoit envoyé de la part du sieur de la Durantaye, Capitaine Commandant à Missilimakinak; & de la part des Peres Jesuites pour en apporter la nouvelle, & que ces Barbares pour se reconcilier avec l'Iroquois luy avoient renvoyé les prisonniers, promettant de se joindre à eux & aux Anglois avec leurs guerriers pour agir contre les François.

Le sieur Joliet fût en même temps renvoyé avec les instructions necessaires pour faire entendre raison à ces Nations, & les arrester dans nos interests, en les détachant de ceux de nos ennemis, cette premiere députation commença de leur ouvrit les yeux, apprenant à ces Barbares qu'Onontio leur pere estoit de retour en Canada, on en envoya une seconde au Printemps sous la conduite du sieur de Louvigny Capitaine reformé qui alloit relever le sieur de la Durantaye, Nicolas Perrot luy servant d'Interprete l'y accompagna chargé des presens du Roy & des paroles de Monsieur le Comte pour toutes les Nations d'en haut, prés de 150. François furent du même voyage qui alloient chercher leurs pelleteries que l'on n'avoit osé faire descendre les années precedentes, à cause des incursions des Iroquois, trente hommes armez sous le commandement des sieurs D'hosta, & de la Gemeraye Lieutenans reformez eurent ordre de les escorter à soixante lieuës au dessus de

Mont-Real. Une troupe d'Iroquois les attendoit en embuscade à la Pointe aux chats dans le haut du Fleuve, mais comme une partie de nos Braves les attaquerent par terre en même temps que d'autres donnoient en Canot, l'on fit une cruelle boucherie des ennemis, on en tua trente sur la place. L'on embarqua les blessez en quatre Canots, l'on prit deux hommes & deux femmes, l'un de ces hommes fût conduit & donné aux Hurons, Outaoüacs, qui le mangerent, l'autre fût mené à Quebec & donné à Oreoüare, nous ne perdîmes que sept hommes dans cette rencontre ayant esté surpris d'abord par la décharge des Iroquois embusquez, enfin nos gens poursuivirent leur route, & l'on apprit depuis que leur arrivée avec les prefentes du Roy avoit abfolument retenu toutes ces Nations dans nos interefts.

Comme les Anglois qui ont de puiffantes Villes, des Bourgs, & des Villages tres-peuplez en ce païs & par tout des Forts de grande deffenfe eftoient les principaux auteurs de tous nos defaftres, Monfieur de Frontenac forma trois partis pour aller contre eux dans leurs terres fur les glaces, l'un à Quebec fous le commandement du fieur de Port neuf, le fecond aux trois rivieres fous la conduite du fieur Artel, & le troifiéme à Mont Real, fous les fieurs de fainte Heleine, & de Mantet.

Celuy-cy partit pour la nouvelle Hollande au commencement de Fevrier 1690. La troupe eftoit de deux cens dix hommes partie François, & partie Sauvages, des deux Villages que nous avons prés de Mont-Royal, il y avoit aussi 16. Algomquins, ils marcherent 23. jours par des chemins fâcheux & penibles, car il falloit rompre les glaces & estre quelquefois à l'eau jusques aux genoux dans le doute s'ils attaqueroient la Ville d'Orange, ou celle de Corlard, l'on avoit pris le party d'aller à cette derniere, ils y arriverent heureusement, Giguire Canadien fût détaché avec neuf Sauvages pour reconnoistre la place qui forme une espece de quarré long, où il n'y a que deux portes, l'une du côté où estoient nos gens & l'autre à l'opposite qui conduit à Orange, la petite armée y arriva à 11. heures de nuit, ils escalladerent sans estre apperçûs jusques à ce qu'ils eussent entouré les maisons & disposé les détachemens aux coins des ruës; & dans les places, tout estant prest, pour l'attaque, elle se fit par tout en même temps par le cri de mort à la maniere des Sauvages & pour lors ce ne fût qu'une confusion de voix & de clameurs de nos gens enfonçant les portes à grands coups de hache, assommant tous ceux qui se mettoient en deffense.

Le sieur de Mantet attaqua le Fort avec son détachement la garnison deffendit quelque temps, mais elle fût bien-tost renversée par les coups de fusils, de sabres, & de haches, il y eut peu de resistance dans les autres endroits, excepté à une maison où le sieur de la Marque, Montigny fût blessé de deux coups de pertuisane, mais le sieur de sainte Heleine estant survenu, tout fût passé au fil de l'épée, & au tranchant de la hache, les Sauvages n'ayant épargné personne.

Le saccagement dura deux heures, le reste de la nuit se passa à se rafraichir aprés avoir étabii les corps de garde dans les quartiers, on vouloit épargner la maison du Ministre, mais n'ayant pas esté reconnuë, elle fût brûlée avec ses Livres, le saccagement est une perte qui va à plus de quatre cens mil livres. L'on n'épargna que la maison d'une Veuve & celle du Ma,or à qui on ne voulut point faire de mal, par ce qu'il avoit toûjours bien traité les François On donna la vie à environ quatre vingts tant vieillards que femmes & enfans, & à trenteIroquois Agniez, leur faisant entendre que l'on n'en vouloit qu'aux Anglois, & l'on emmena seulement le Major avec trente prisonniers.

D'un autre côté le sieur de Port neuf estoit parti de Quebec, à la fin de Janvier avec cinquante François, & avoit pris à deux lieuës de là soixante Abenaquis, il employa les mois de Fevrier, Mars & Avril, & jusques à la my May à se rendre en chassant à la riviere des kinibequi, à un Village d'Abenaquis dont il en prit encore 150. Avec cette petite armée il arriva le 25. May à quatre lieuës de Kasquebé sur le bord de la Mer, c'est un Port considerable, il y avoit huit pieces de Canon, & estoit entouré de quatre autres petits Forts, s'y estant rendu le lendemain à la pointe du jour, il fit cacher deux François & quatre Sauvages prés de la porte qui tuerent le premier homme qui sortit, le cri de mort jetta l'allarme dans le Fort, & nos gens se vinrent réünir au gros qui fût partagé en deux troupes, l'une sous le commandement du sieur de Port neuf, & l'autre sous la conduite du sieur de Repentigny, Courte-Manche son Lieutenant tous cachez dans les bois jusques à midy, que trente hommes de la garnison sortirent pour aller à la découverte, mais ils n'allerent pas loin, nos gens en tuerent 26. sur la place; & les quatre autres qui furent blessez, se sauverent à peine.

Le grand Fort fût sommé de se rendre & sur le refus, on resolut de l'attaquer dans les formes, l'on se saisit des petits Forts, où l'on trouva des outils pour faire des tranchées, les ouvrages furent avancez en sorte, qu'en quatre ou cinq jours l'on fût prest de monter à l'assaut, on avoit même preparé des trainaux de bois & de goudron pour y mettre le feu, lorsque le Commandant demandant à capituler, on le reçeut à discretion avec sa garnison au nombre de soixante & dix hommes qui furent faits prisonniers de guerre, les autres ayans esté tuez durant l'attaque. On jetta le Canon à la Mer, aprés l'avoir encloüé. Tous les Forts furent brûlez & plus de deux cens maisons. Les Sauvages firent grand butin, enleverent tout le bétail qu'ils voulurent. On leur donna des prisonniers, & le sieur de Portneuf reprit le chemin de Quebec avec le reste, & le Commandant appellé Denis, quelques femmes entre autres celle de son Lieutenant qui avoit esté tué & deux de ses filles, nous n'avions perdu qu'un de nos Sauvages, & un François blessé d'un coup de Canon.

Le sieur Artel qui commandoit le troisiéme party avoit mené avec luy trois de ses fils, 24 autres François, 20 Sauvages Socoquis, & cinq Algomquins, aprés une longue & penible marche, il étoit arrivé le 27. Mars prés du Bourg de Sementals dans l'Acadie ce Bourg étoit deffendu de trois Forts que sa troupe partagée attaqua en même temps, chacune emporta le sien, l'on y fit cinquante quatre prisonniers Anglois, l'on mit le feu à toutes les maisons, dont la plûpart des habitans avoient pris la fuite, l'on desola de même les lieux circonvoisins, brûlant les habitations, l'on fit perir plus de deux mille pieces de bétail, sans y perdre qu'un François & deux autres blessez

Ce Bourg n'estant qu'à six lieuës de Pescadoüet Ville tres-peuplée, il en sortit deux cens hommes à la poursuite de nos gens qui attendirent l'ennemi faisant bonne contenance : nous en tuâmes un grand nombre en differentes occasions, plusieurs autres furent blessez, & enfin le Champ de bataille nous demeura, le neveu du sieur Artel nommé Crevier fût tué avec un Socoquis, & le fils du sieur Artel blessé à la cuisse.

Au retour du sieur de sainte Heleine il s'estoit formé un autre party pour une nouvelle entreprise contre l'Anglois, il estoit composé de nos Sauvages fideles auſquels les ſieurs de Beauvais, de Tilly & de la Broſſe Lieutenans reformez s'étoient joins avec quatre autres François, ils avoient pouſſé juſques dans le païs ennemi, où en une rencontre ils tuerent quatre hommes & deux femmes, & firent quarante deux priſonniers parmy leſquels il y avoit huit Angloiſes, mais comme ils avançoient plus outre, ils apprirent qu'un party ennemi de ſept cens tant Iroquois que Mahingans, n'eſtoit qu'à une journée & demie, ce qui les obligea de retourner ſur leurs pas.

Ce petit avantage fût ſuivi d'une malheureuſe avanture qui cauſa un chagrin tres-ſenſible à Monſieur de Frontenac, comme ce party eſtoit à la riviere du

du Saumon qui tombe dans le
Lac Champlain, à y faire des
Canots pour leur retour, un
autre party d'Algomquins &
d'Abenaquis qui alloit en guerre pour nos interests contre les
Anglois découvrit cette troupe
le soir comme ils prioient, & les
prenant pour des Iroquois ennemis, les chargerent le lendemain au Soleil levant, leur
tuerent deux hommes & en
blesserent dix, deux François,
six Sauvages & deux Anglois,
cette méprise fût d'autant plus
chagrinante que le grand Agnié
Capitaine de nos Sauvages fideles y fût tué, les deux partis
se reconnurent peu aprés bien
contrits de s'estre ainsi chargez par mégarde.

Monsieur le Comte de Frontenac qui n'oublioit rien de ce
qui estoit necessaire pour la

seureté du païs avoit fait deux détachemens des troupes pour la seureté des côtes du côté du Sud qui sembloient les plus exposées, l'un sous le commandement du Chevalier de Clermont Capitaine reformé qui devoit tenir depuis le Mont-Real jusqu'à Saurel environ dix-huit lieuës de front, l'autre sous les ordres du sieur de la Motte aussi Capitaine reformé qui devoit découvrir depuis le Lac saint Pierre à saint François en venant aux trois rivieres & au dessous du côté de Quebec, ils remporterent chacun plusieurs petits advantages.

Au Nord de l'Isle de Mont-Real est la riviere des prairies par laquelle un parti d'Iroquois estoit descendu à la Pointe au tremble, au bout de l'Isle,

Monsieur de Calliere Gouverneur de l'Isle en estant averti, il ordonna le sieur Colombet Lieutenant reformé à la teste de 25. habitans pour aller reconnoistre l'ennemy qui estoit plus de trois fois superieur en nombre, cependant les nostres en tuerent 25, outre un plus grand nombre de blessez, il est vray que nous en perdîmes douze de nostre troupe, la multitude des ennemis ayant toûjours fait un grand feu.

Cependant comme on avoit sujet de craindre la descente d'une flotte Angloise du côté de Quebec, & que la Ville quoyque fort peuplée n'avoit encore eu aucune fortification ; M. le Gouverneur avoit fait transporter durant l'hyver & charier sur les neiges tous les materiaux necessaires. Il en designa le plan & à la premiere fonte des glaces, l'on commença de fortifier la Ville d'onze bonnes redouttes de pierre pour servir de baftions, elles fe communiquent l'une à l'autre par des courtines de pieux de dix pieds de haut, terraffez au dedans de gafonnage prefque à la hauteur d'homme.

Il fit faire toutes les diligences poffibles pour avancer l'ouvrage qui fe trouva quafi achevé fur la fin de Juillet, avant fon départ pour le Mont-Real.

Il laiffa donc à Quebec Monfieur Prevoft Commandant en fon abfence. C'eft un Gentilhomme Parifien qui a rendu depuis 20 ans les plus grands fervices au païs, par fa fageffe, fa valeur & fon experience, en qualité de Major de la Capitalle.

Je ne repete rien icy de ce que j'ay déja dit dans ma Relation des Gaspesiens sur les desavanges que nous eumes dans l'Acadie sur les côtes de la Mer où la flotte Angloise avoit fait descente & pillé quelques endrois qui estoient sans deffense, & même enlevé le Gouverneur de l'Acadie, Monsieur de Frontenac en avoit reçu la nouvelle à Quebec, d'où il partit le 22. Juillet, & arriva le dernier du même mois à Mont-Real avec Monsieur de Champigny Intendant, & Madame l'Intendante.

Nous avons dit que l'hyver precedent quatre des Iroquois revenus de France avoient esté envoyez en députation au Canton d'Onontage de la part du Chef Oreoüare que Monsieur de Frontenac conservoit toûjours auprés de fa perfonne. Ils eſtoient arrivés au Mont-Real où M. de Cailliere Gouverneur leur avoit donné audience publique. On les avoit chargé de ſix colliers, de pourcelaine, c'eſt la coûtume des Nations Sauvages dans les audiences publiques de preſenter autant de colliers qu'ils ont de declarations à faire, ce ſont comme les aſſeurances de leur parole, & il ſemble qu'ils ne pourroient ouvrir la bouche ſi ce collier ne paroiſſoit auparavant comme pour leur inſpirer ce qu'ils ont à dire ſur les affaires qui ſe preſentent à negocier.

Le premier collier marquoit le ſujet de leur retardement, cauſé par l'arrivée des Oütaoüacs durant l'hyver aux Sonnontoüans où ils avoient rendu les eſclaves qu'ils avoient faits sur les Iroquois promettant de se lier avec eux, ce même collier disoit encore que pour faire la paix il falloit qu'Onontio renvoya le reste des esclaves Iroquois.

Le second Collier témoignoit la joye publique des cinq Nations & des Flamans leurs alliez d'avoir appris le retour d'Oreoüaré qu'ils nomment le Chef general de toute la Nation Iroquoise.

Le troisiéme parloit de la part d'Onontaé au nom des cinq Cantons & demandoit le prompt retour d'Oreoüaré qu'ils nomment encore le Chef de leurs terres, demandant qu'il fût accompagné de tous les Iroquois qui estoient chez nous & protestant qu'ils ne disposeroient de tous les prisonniers François qui estoient entre leurs mains, que sur ce qu'en diroit Oreoüaré à son retour.

Le quatriéme s'adressoit à Onontio & parloit ainsi, vous dites mon pere que vous desirez redresser l'arbre de paix que vous avies planté dans vostre Fort de Frontenac, voila qui est bien, mais.

Le cinquiéme collier parle & dit ignorez-vous mon pere qu'il n'y a plus de feu de paix en ce Fort, il est éteint par le sang que l'on y a répandu, les places où l'on tenoit le Conseil en sont toutes rouges. On a gâté ce lieu par la tromperie & la trahison que l'on nous y a faite d'enlever nos prisonniers, l'on a gâté la terre des Sonontoüans le plus gros de nos Bourgs par le ravage que les François y ont fait: racommodés tout cela & il vous sera libre de placer le feu de paix

paix ailleurs que dans ce lieu. Au reste mon Pere, vous avez foüetté vos enfans bien severément; vos verges estoient trop picquantes & trop longues. Aprés l'avoir ainsi traité vous jugez bien que j'ay maintenant de l'esprit. Je vous repete mon Pere que moy Onontaé, je suis le maistre de tous les prisonniers François, applanissez le chemin de la Galette ou de Chambly, Teganissorens vous y viendra trouver, vous y serez accompagné par autant de monde qu'il vous plaira & moy de même.

La Gallette est un endroit 26 lieuës au dessous du Fort. Teganissorens est un Chef Iroquois affectionné à Monsieur de Frontenac.

Le sixiéme collier avertit qu'il y a un party Iroquois en Campagne, & promet que s'il fait des prisonniers on en aura soin, priant que si nous en faisons de nostre côté nous les conservions, il ajoûte encore des reproches de ce que nous avions tué les années precedentes douze des leurs, & que c'est pour cela qu'ils avoient mangé quelques-uns des nostres.

Ces Sauvages députez estoient descendus à Quebec lorsque Monsieur de Frontenac y estoit encore, lequel n'en estant pas content avoit envoyé d'autres députez avec le Chevalier d'Eau Capitaine reformé, Oreoüaré chargea ses gens de huit colliers.

Le premier estoit pour essuyer les pleurs des cinq Nations pour faire sortir de leur gorge ce qui pourroit y estre resté de mauvais sur les méchantes affaires passées, & pour laver le sang répandu.

Le second pour leur témoigner sa joye de ce que les Outaoüacs leur avoient rendu des prisonniers, & les asseurer qu'Onontio leur a promis de conserver ceux qu'il feroit sur les Iroquois.

Le troisiéme les remercie d'avoir prié Onontio de le renvoyer avec ses neveux.

Le quatriéme est pour leur dire qu'il voit bien qu'ils l'ont oublié aussi bien que leur ancien Pere Onontio, puisqu'ils n'ont pas envoyé de leur chefs pour le chercher & pour parler à leur Pere.

Le cinquiéme les prie d'envoyer au Mont-Real ceux qui avoient coûtume de faire les affaires avec luy, afin qu'ils connoissent la bonne volonté

d'Onontio pour leur Nation &
les bons traitemens que luy &
ses neveux en ont reçus depuis
qu'ils sont entre ses mains.

Le sixième est pour lier les
bras des cinq Nations, a fin de les
attirer à Mont-Real & qu'après
cela ils le ramenent avec eux.

Le septiéme est pour leur recommander le Chevalier d'Eau
comme un de nos considerables, & pour les exhorter à ne
point écouter les Flamans qui
leur ont renversé l'esprit, parce
que ce sont des rebelles à leur
Roy legitime.

Le huitiéme est pour dire que
luy Oreoüaré est frere des François, qu'il ne veut point quitter
son pere au quel il sera toûjours
uni, mais qu'ils viennent le
chercher pour renouveller l'amitié avec Onontio qui leur en
a donné tant de marques peu-

dant dix années.

Le Chevalier d'Eau estoit accompagné de quatre François, ils arriverent tous à Onontaé, mais les Anglois sçurent si bien ménager les Iroquois dans le Conseil, que cette députation n'eût pour lors aucun effet, bien au contraire ces Barbares conduisirent le Chevalier & les François de sa compagnie dans la nouvelle Yorc, où on les retint prisonniers sans leur faire d'autre mal. Monsieur le Gouverneur reçut peu aprés la nouvelle que les Canibas & les Abenaquis n'avoient point cessez depuis l'hyver d'aller en guerre contre les Anglois, qu'ils avoient desolé & brûlé leurs Campagnes jusques aux portes de Baston fameuse Ville Capitale de la nouvelle Angleterre, qu'ils en

Pagination incorrecte — date incorrecte

NF Z 43-120-12

tuez aux environs de Mont-Real, l'on fit assembler toutes les troupes Françoises avec lesquelles, & une partie des Sauvages guerriers, Monsieur le Comte de Frontenac se rendit le dernier d'Aoust à trois lieuës de là pour aller au devant des ennemis.

Le premier Septembre l'on fit la reveuë de la petite armée qui se trouva de douze cens hommes, & quoyque ce nombre fût beaucoup inferieur à celuy des ennemis, l'on se confioit neanmoins de vaincre sous la conduite d'un si grand Chef.

Comme l'on avoit envoyé à la découverte, un Sauvage de nos alliez rapporta qu'il avoit trouvé l'armée & que s'estant glissé adroitement il avoit jetté trois casseteftes dans leur Camp par lesquels il leur marquoit qu'ils eſtoient découverts & les défioit de venir à Mont-Real, ce ſont des baſtons ſur leſquels les Sauvages font des figures pour ſignifier ce qu'ils veulent dire. C'eſt auſſi la coûtume de ces Barbares de ne faire la guerre que par ſurpriſe, & de ne point attaquer quand ils ſçavent que l'on eſt ſur ſes gardes, & en état de ſe deffendre.

L'on a ſçeu depuis que cette armée ennemie ayant appris que nous eſtions aſſemblez en reſolution de les combattre, avoit rebrouſſé chemin, que les Anglois y avoient porté la petite verolle qui eſt une peſte & une contagion dans ces païs, que 400 guerriers Iroquois & deux cens de leurs alliez en eſtoient morts, que le reſte de leurs troupes s'eſtoit diſperſé fort animez contre l'Anglois que l'on

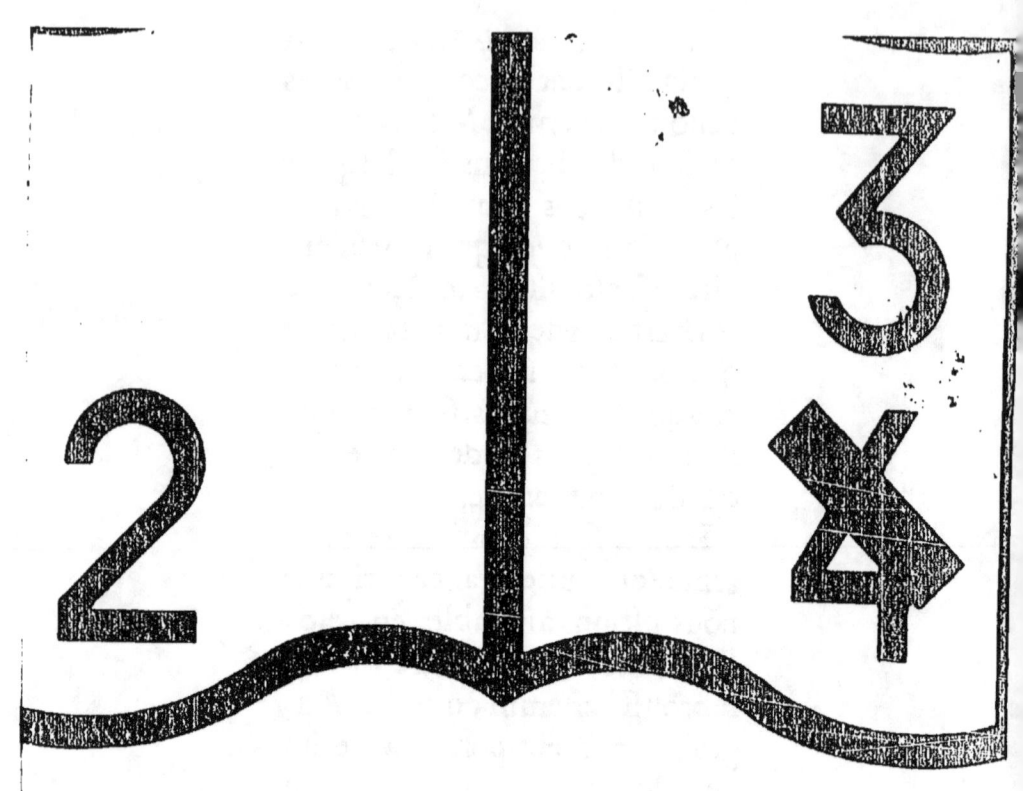

Pagination incorrecte — date incorrecte

accufoit d'avoir apporté la contagion pour les faire mourir, ainfi par une benediction particuliere de Dieu & par la reputation des armes de France, cette armée nombreufe fût vaincuë fans coup ferir, c'eftoit un concert avec l'Anglois, que cette armée de terre attaqueroit par le Mont-Real en même temps que la Flotte feroit defcente à Quebec foixante lieuës plus bas.

Monfieur de Frontenac ne laiffa pas d'éprouver en ce rencontre la fermeté & la fidelité des Sauvages nost alliez qu'il reconduifit au Mont-Real où ils acheverent la traite aprés laquelle l'on fit les feftins, on tint les Confeils & l'on donna les audiences de congé avec les prefens au plus confiderable, dont trois ou quatre avoient mangé tour à tour chaque jour à la table de Monsieur le Gouverneur.

Peu après leur départ le premier Octobre arriva au Mont-Real le sieur de la Durantaye venant de Missilimakinac où il commandoit & amena avec luy cinquante cinq Canots chargez de pelleteries pour le compte des François qui n'avoient pas osé les faire descendre à cause de la guerre; Monsieur le Comte de Frontenac avoit déja disposé les quartiers d'hyver aux troupes & se disposoit à retourner à Quebec le 10 Octobre avec Monsieur de Champigny Intendant du païs & Madame l'Intendante, lors qu'il reçut deux lettres de Monsieur le Major Commandant à Quebec par lesquelles il donnoit avis qu'une Flotte Angloise de trente cinq Voiles paroissoit en riviere & estoit déja prés de Tadoussac.

Monsieur de Frontenac sur ces avis partit en même temps, & fût assez heureux pour arriver le 14 à Quebec, où Messieurs les Gouverneurs du Mont-Real & des trois rivieres le suivirent aprés avec les troupes de leur département.

Il alla aussi-tost visiter tous les postes qu'il trouva en bon état par les ordres & la diligence de Monsieur le Major qui avoit achevé les fortifications, & fait faire par tout de grands retranchemens, les sieurs d'Esquera Capitaine & de Villebon cy-devant Capitaine de Dragons y avoient aussi donné tous leurs soins, ce dernier estoit venu de l'Acadie par les bois à Quebec.

Le Dimanche 15. le sieur de Vaudreil Colonel des troupes accompagné du sieur de Ville-bon partit avec six-vingts hommes pour aller au devant des ennemis, & les charger s'ils tentoient une descente, le sieur de Longüeil estoit allé en Canot à la teste des Sauvages Hurons, & Abenaquis pour observer de même la contenance des ennemis. L'on apprit le soir que leur Flotte avoit moüillé à trois lieuës de Quebec près de l'Isle d'Orleans.

Voicy quelle est la scituation de Quebec, la riviere de saint Laurent forme un grand bassin devant, elle y descend par un autre Canal qui se divise en deux bras à l'Isle d'Orleans deux lieuës au dessous, dont l'un passe au Nord entre cette Isle, & la côte de Beaupré, & l'autre bras passe au Sud entre la même Isle & la pointe de Levy, c'est ce qui forme ce grand bassin où la Flotte Angloise avoit moüillé, du côté de Beauport qui n'est separé de la côte de Beaupré que par le Sauit de Montmorency, dont la chûte fait la plus belle nappe d'eau du monde, Beauport est à une lieuë de Quebec, il y a entre deux la petite riviere saint Charles ; Quebec est en face de la pointe de Levy, une lieuë au dessus, il est divisé en haute & basse Ville qui n'ont de communication que par un chemin assez escarpé, les Eglises & toutes les Communautez sont à la haute Ville, le Fort est sur la croupe de la montagne, & commande la basse Ville où sont les plus belles maisons, & où demeurent les Marchands.

Le Palais que Monsieur l'Intendant occupe est detaché du reste de la Ville au bas de la côte à gauche, sur le bord de la riviere Saint Charles, l'Eglise & le Convent des Recollets sont à demie lieuë plus loin sur la même riviere, M. de Chateau Fort Capitaine y commandoit.

Les fortifications que Monsieur le Comte de Frontenac a fait faire commençoient au Palais en remontant du côté de la haute Ville qu'elles entourent, & finissant à la chûte de la montagne vers le Fort à l'endroit nommé le Cap aux Diamans. On avoit commencé prés du Palais une palissade le long de la Greve qui venoit à gagner au dessous de l'Hospital jusques à la closture du Seminaire, & se perdoit à des rochers inaccessibles, il y a une autre pallissade au dessus qui joint au même endroit appellé le Sault au Matelot, où est une batterie de trois Canons de dix-huit livres, avec une autre à main droite, il y en a deux aussi à la basse Ville qui sont posez au dessous. Les endrois où il n'y avoit point de porte étoient baricadez de poutres & de tonneaux pleins de terre & garnis de pierres, le chemin de la basse Ville à la haute estoit coupé par trois retranchemens de bariques & de sacs de terre.

Depuis l'arrivée & l'attaque des Anglois on a fait une batterie prés du Sault au Matelot, & une à la porte qui va à la petite riviere, il y avoit encore d'autres pieces d'artillerie disposées à l'entour de la haute Ville, particulierement sur la butte d'un Moulin qui servoit de Cavalier.

C'est

C'est de la maniere que les choses estoient lors que la Flotte Angloise parût devant Quebec, elle estoit de 34 Voiles, il y avoit quatre gros Vaisseaux, & quatre autres un peu moindres, le reste estoit Caiches, Barques, Brigantins ou Flibots, on dit qu'il y avoit aussi des Brûlots, les petits bâtimens rangerent la côte de Beauport, & les gros tinrent plus le large.

Sur les dix heures du même jour 16. Octobre une chaloupe portant à son avant Pavillon blanc, partit de l'Amiral pour venir à terre, quatre Canots allerent audevant, ayant aussi Pavillon blanc, ils la joignirent à my chemin, y trouverent un trompette qui accompagnoit l'envoyé du General, on le mit seul dans l'un des Canots, on luy banda les yeux

& il fût conduit au Fort dans la chambre de Monsieur le Comte de Frontenac, auquel il presenta une lettre dont voicy la teneur.

Sieur Guillaume Phips Chevalier Commandant en Chef sur toutes les forces de leur Majesté en la nouvelle Angleterre par Mer & par terre.

Au Comte Frontenac Lieutenant General & Gouverneur pour le Roy de France en Canada ou en son absence à son deputé ou celuy qui commande en chef à Quebec.

La guerre entre les deux Couronnes d'Angleterre & de France n'estant pas seulement un suffisant motif, mais la destruction faite par les François & Sauvages sous vostre commandement, sur les personnes & biens des sujets de leur Majesté de la nouvelle Angleterre sans aucune provocation de leur côté, les a obligé de faire cette expedition pour leur seureté & leur satisfaction, comme aussi les cruautez & barbaries qui ont esté exercées par les François & Sauvages, pourroient par cette presente occasion nous engager à nous revanger severement, neanmoins desireux d'éviter les actions inhumaines & contre le Christianisme, & pour prevenir l'effusion de sang autant qu'il se pouroit, moy susdit Guillaume Phips Chevalier par ces presentes & au nom de leurs Majestez, Guillaume Roy & Reine d'Angleterre, Ecosse, France & Irlande, deffenseurs de la Foi, & par ordre de leurs Majestez & Gouvernement de Colonie de la nouvelle Angleterre demande que vous ayez à rendre vos Forts & Châteaux sans estre démolis, & toutes les munitions sans y estre touché, comme aussi une prompte délivrance de vos personnes & biens en ma disposition. Ce que faisant vous pourrez esperer pardon de moy comme un bon Chrestien, ainsi qu'il sera jugé à propos pour le service de leurs Majesté, & la seureté de leurs sujets. Ce que si vous refusez, je suis venu pourveu & resolu avec l'aide de Dieu dans lequel je me confie par force d'armes revenger tous les torts & injures qui nous ont esté faits, & de vous rendre sous la sujetion de la Couronne d'Angleterre; & lors que trop tard vous le voudrez faire, vous faire regreter de n'avoir pas voulu plûtost accepter la faveur qui vous est offerte,

Voſtre réponſe poſitive dans une heure renduë par voſtre trompette avec le mien, eſt ce que je vous demande ſur le peril que s'en pourra ſuivre, ſigné GUILLAUME PHIPS.

En achevant d'expliquer cette lettre qui eſtoit en Anglois l'envoyé tira de ſa poche une montre qu'il preſenta au Comte de Frontenac, qui la prit & faiſant ſemblant de ne pas voir l'heure qu'il eſtoit, l'envoyé s'avança & dit qu'il eſtoit dix heures en demandant qu'à onze, il voulut bien le renvoyer. Je ne vous feray pas tant attendre, repliqua Monſieur le Comte, & voicy ce qu'il répondit.

Dites à voſtre General que je ne connois point le Roy Guillaume, & que le Prince d'Orange eſt un uſurpateur qui a violé tous les droits les plus sacrez du sang en entreprenant de détrôner son beau Pere, que je ne connois d'autre Souverain en Angleterre que le Roy Jacques Second. Que voſtre General n'a pas dû eſtre ſurpris des hoſtilitez qu'il dit avoir eſté faites par les François dans la Colonie des Maſſaſſets, puiſqu'il devoit s'attendre que le Roy mon Maiſtre protegeant le Roy d'Angleterre pour le remettre ſur le Trône, Sa Majeſté m'ordonneroit de porter la guerre chez les peuples qui ſe feroient revolté en ces contrées contre leur Prince legitime. Puis ſe tournant & luy montrant le nombre d'Officiers qui rempliſſoient ſa chambre, il luy dit en riant voſtre General croit-il quand il m'offriroit des conditions plus dou-

dans la Nouvelle France. 427

ces, & que je fuſſe d'humeur à l'écouter, qu'ils vouluſſent y conſentir, & me conſeillaſſent de me fier à une perſonne qui n'a pas gardé la capitulation qu'il avoit faite avec le Gouverneur de Port-Royal, & à un rebelle qui a manqué à la fidelité qu'il doit à ſon Roy pour ſuivre le party du Prince d'Orange qui en eſſayant de perſuader qu'il eſt le liberateur de l'Angleterre, & le deffenſeur de la Foi, y détruit les Loix & les Privileges du Royaume; c'eſt ce que la Juſtice Divine, que voſtre General reclame dans ſa lettre, ne manquera jamais de punir ſeverement.

Ce diſcours ayant ſurpris & allarmé cet envoyé, il demanda au Comte de Frontenac s'il ne vouloit pas luy donner par écrit ſa réponſe, non repartit il , je n'en ay point d'autre à faire que par la bouche de mes Canons, & que voſtre General apprenne, que ce n'eſt pas de la ſorte que l'on envoye ſommer un homme comme moy. Qu'il faſſe du mieux qu'il pourra de ſon côté comme je ſuis reſolu de faire du mien.

Cette réponſe faite, l'envoyé fût congedié, on luy banda les yeux, il fût remené par les mêmes Canots en ſa chaloupe, ſur les quatre heures aprés midy le ſieur de Longüeil revint avec ſes Sauvages de l'Iſle aux Coudres pour ne pas tomber comme il auroit fait au pouvoir des Anglois qui eſtoient moüillez une lieuë au deſſus de luy, dont il alla voir la Flotte à travers les bois avec le ſieur de Longüeil qui le quitta peu aprés , voyant qu'elle
appareilloit

appareilloit pour approcher Quebec, celuy-cy se remit en Canot, la cottoyant toûjours pour tâcher de faire quelque prisonnier, si les ennemis eussent mis à terre quelques uns de leurs gens, plusieurs chaloupes furent détachées sur luy, quand on vit qu'il vouloit gagner Quebec, mais ils ne le purent joindre. Il rendit conte de ce qu'il avoit fait & rapporta que les Anglois ayant voulu faire descente à la riviere Oüel à 15. lieuës de Quebec, ils y estoient allé avec six chaloupes, & 150 hommes, & que les habitans leur en avoient tué la moitié en trois décharges qu'ils avoient faites sur eux, c'est ce que le sieur de Franche Ville Canadien Curé du lieu a certifié.

Le même jour arriva sur la

soir le Chevalier de Caillieres avec cinq ou six cens hommes qu'il avoit assemblé tant à Mont-Real qu'aux environs, il fit une grande diligence, n'ayant esté que trois jours à venir de Mont-Real où il y a soixante lieuës, le Mardy 17. une des barques des ennemis chargée de monde alla du côté de terre entre Beau Port, & la petite riviere aprés qu'elle eût échoüé, on escarmoucha de part & d'autre sans grand effet, & on ne peut aller l'attaquer parce qu'il eut fallu estre à l'eau & dans la raze jusques à la ceinture.

Le 18. on vit sur les deux heures aprés midy presque toutes leurs chaloupes remplies de monde gagner le même endroit, comme on estoit incertain de celuy où ils feroient descente. Nous avions peu de gens de ce côté là, on y détacha une partie de ceux des trois rivieres & de Mont-Real pour y escarmoucher: les ennemis y avoient deux mille hommes rangez en bataille avant que nous y fussions arrivez, les habitans de Beau port s'estant joins aux nostres le tout ne faisoit pas plus de 300 hommes, ils se mirent en plusieurs pelotons, & les attaquerent à la maniere des Sauvages sans presque tenir d'ordre, parce qu'ils se trouvoient dans un terrain inegal, plein de rochers & de broussailles le corps des ennemis estoit serré, dont ils firent plier le premier bataillon qui fût obligé de gagner la queuë des autres, le feu dura plus d'une heure sans que celuy des ennemis incommodât fort nos gens qui voltigeoient autour d'eux sautant d'arbre en arbre, & ne tirant gueres de coups à faux. Le Comte de Frontenac fit avancer le bataillon de troupes que commandoit le sieur de Crusel pour asseurer la retraite. Le Chevalier de Clermont Capitaine reformé & le fils du sieur de la Touche Seigneur de Champlain furent tuez en cette premiere occasion; le sieur Juchereau de saint Denis âgé de 70 ans qui commandoit la milice de Beau Port y eût le bras cassé, & dix ou douze autres furent blessez, mais les ennemis y ont perdu 150 hommes. Ils furent mettre après le combat le feu à quelques habitations.

Sur le soir les plus grands Vaisseaux vinrent moüiller devant Quebec, le contre Amiral portant le Pavillon bleu, se posta sur la gauche presque vis-a-vis le Sault au Matelot, l'Amiral estoit à la droite, & le Vice-Amiral un peu au dessus, tous deux devant la basse Ville, le quatriéme qui portoit la flamme du Chef d'escadre se retira plus vers le Cap aux Diamants. Nous les saluâmes les premiers, & ils répondirent assez vigoureusement & nous de méme, aprés ils ne tirerent presque ce soir là que sur la haute Ville, il y eût le fils d'un Bourgeois tué & un autre blessé, le sieur Godefroy de Vieux Pont eût son fusil emporté du méme coup, & le bras démis, les Canonades cesserent de part & d'autre sur les huit heures du soir.

Nous les recommençâmes encore les premiers le lendemain à la pointe du jour, le feu des ennemis sembla rallenti. Le contre Amiral qui avoit tiré le plus vigoureusement, la veille se trouva sans doute incommodé par nos batteries hautes & basses du Sault au Matelot, car on le vit se retirer sans grand bruit, l'Amiral le suivit d'assez prés & avec précipitation, il fila tout le cable de son Anchre qu'il abandonna, son Pavillon fût emporté dans la riviere, & laissé à noſtre discretion que nos gens allerent pescher.

Toutes ses manœuvres furent occupées, son grand Mas presque cassé, & il avoit reçû dans le corps vingt boulets dont chacun le perçoit à l'eau, c'eſtoit le sieur de sainte Heleine qui pointoit luy-même le Canon contre cet Amiral, quantité de gens ont esté tuez & blessez sur l'un & l'autre de ces Vaisseaux, les deux autres tinrent encore quelque temps, mais ayant cessé de tirer sur le midy, ils allerent sur les cinq heures se mettre à l'abry dans l'anse des Meres derriere le Cap aux Diamants où ils se radouberent du mieux qu'ils purent; on envoya un détachement dans cette Anse pour observer quelques gens qui leur avoient tué du monde, mais ils furent contraints d'aller moüiller hors la portée de nos fusils.

Le 20 les ennemis marchans en bon ordre le long de la riviere saint Charles, les sieurs de Longüeil, de sainte Heleine, de Moncarville, d'Oleançon, & de Repentigny avec d'autres François s'y rendirent sur les deux heures aprés midy &

escarmoucherent contre la teste de leurs troupes qui s'estoient avancées. Ils les firent plier & regagner leur gros. Le combat s'opiniatra des deux côtez, & les nostres combatirent par pelotons, & de la même maniere que la précedente journée. Le Comte de Frontenac qui crût que les ennemis vouloient tenter le passage de la riviere, fit avancer les sieurs de saint Ours, de saint Cirq, de Valreine, & du Crusel, avec les quatre bataillons de troupes qu'ils commandoient, & se mit à leur teste. Il détacha le sieur de la Maison-Fort Capitaine, & la Perade son Enseigne avec 40 hommes pour garder & deffendre le Convent des Recollets, & empescher les ennemis de se rendre maistres de ce poste. Mais ils se contenterent d'escarmoucher contre nous la petite riviere entre deux. Le sieur de sainte Heleine qui eût la jambe cassée l'année derniere au combat de la Chine, reçeut en celuy-cy une contusion au côté, sans sa corne à poudre où donna la balle, il auroit couru plus de risque nous eûmes trois autres blessez, avec un soldat, & un habitant de tué; plusieurs coups de Canons furent tirez sur nos gens qui estoient de ce côté là, & dans l'endroit où nos troupes estoient en bataille. Nous connûmes par lâ qu'ils en avoient à terre, on y répondit de la batterie que nous avions à la porte de la petite riviere, ils n'ont pas moins perdu de monde en cette seconde attaque qu'à la premiere. Le 21 le sieur de Villier Leutenant reformé fût envoyé avec quelques soldats qui avoient demandé d'aller avec luy du côté que les ennemis estoient campez ; il commença sur les deux heures à escarmoucher contre eux, & les ayant attiré dans son embuscade, il s'y maintint fort long-temps, ils firent un détachement pour l'entourer, mais il fût chargé par ceux de Beau Port & de Beaupré, & de l'Isle d'Orleans qui estoient en embuscade auprés. Les sieurs de Groye, de Cabanac, & de Beaumanoir qui avoient là des troupes s'y joignirent, & leur tuerent beaucoup de monde, enfin en faisant leur retraite & escarmouchant toûjours, ils gagnerent une maison entourée d'une palissade sur une hauteur où le combat dura jusqu'à la nuit ;

les gens frais que le General y envoyoit, ne servirent qu'à augmenter leur perte, nous n'y avons eu qu'un écolier, & un Sauvage de blessez; les Anglois ont dû y perdre quantité de monde, la nuit qui fût fort obscure & pluvieuse leur donna le moyen d'enlever leurs morts, & nous empêcha de connoistre le desordre où ils estoient, s'estant embarqué avec precipitation & abandonnant leurs Canons, nous n'en eûmes la connoissance que le Dimanche 22 que les Sauvages qui faisoient la découverte trouverent les premiers cinq pieces de Canons, cent livres de poudre, & soixante boulets. Ceux de Beau Port & de Beaupré s'en saisirent, plusieurs chaloupes tenterent le lendemain de descendre à terre pour les reprendre; mais ils furent repoussé avec perte, & contrains de se retirer, le sieur de Monique Capitaine qui sortit la veille avec cent hommes pour s'aller jetter dans BeauPort, ne put se trouver au combat pour avoir pris un trop grand circuit il eût ordre de rester à quelque distance du Camp des habitans pour les soûtenir au cas d'une nouvelle attaque, & pour cela il leur fût laissé deux de ces Canons avec lesquels ils prétendoient fort bien garder leur poste, les trois autres Canons furent menez à Quebec.

L'apresdinée les deux Vaisseaux qui estoient en l'Anse des Mers mirent à la voile pour aller rejoindre la flotte, on les saluä à boulets en passant, ils en firent de même sans nous faire aucun mal.

La même aprefdinée les sieurs de Subercafe & d'Orvilliers Capitaines partirent avec 100. hommes pour s'aller jetter dans l'Isle d'Orleans, le sieur de Villieu eut ordre de descendre au Cap de Tourmente au desfous de la côte de Beaupré, pour y empêcher la descente des ennemis, car on s'appercevoit alors qu'ils ne seroient pas contens sans prendre congé de nous, en effet dés le soir même ils mirent à la voile, & se laisserent deriver au courant de la Marée, mais quelquesuns de leurs Vaisseaux n'ayant pas trouvé de bons moüillages relâcherent, mais enfin ils disparurent le 23. Octobre vers les dix heures, & allerent moüiller à l'Arbre sec.

La Demoiselle la Lande Canadienne qui avoit esté prise

avec la Demoiselle Jolliet sa fille & autres personnes par les ennemis, voyant qu'ils s'en alloient fit demander au General Phips par un Interprete, s'il prétendoit les emmener à Baston & laisser à Quebec de ses compatriotes prisonniers, en disant qu'il s'en pourroit bien faire échange si on le proposoit à Monsieur le Comte de Frontenac, & que la chose ne sembloit pas hors d'esperance d'y réüssir. On la laissa aller sur sa parole pour en faire la proposition, & Monsieur le Comte l'agrea estant bien aise de la retirer & sa fille, & le sieur de Grandville beau frere de Monsieur le Major, comme aussi Monsieur Trouvé Prestre Missionnaire, & les autres François qui avoient esté pris dans l'Acadie, & que ce General avoit amené avec luy, prétendant en tirer des grands services quand il auroit pris Quebec. La Demoiselle la Lande retourna fort joyeuse à bord du succès de son voyage. Monsieur de la Valliere Capitaine des gardes de Monsieur le Comte estant allé le lendemain trouver le General Phips pour convenir des personnes qui se rendroient de part & d'autre, on rendit le Commandant de xaskebe, & quelques filles que ce General demanda avec deux de nos pistoletes de riviere pour les aider à en passer les dangers, & qu'il promit de les mettre aprés à terre, il nous est encore demeuré soixante de leurs prisonniers, & ils nous rendirent tout ce qu'ils en avoient des nostres.

L'on apprit par ceux-cy que

les ennemis avoient perdu mil ou douze cens hommes, que cette flotte manquoit de vivres, que les gros Vaisseaux faisoient eau de tous côtez, & qu'enfin ils ne comptoient pas d'arriver à Baston sans quelques naufrages, en effet l'on sçeut depuis que trois de leurs gros Vaisseaux avoient peri, & que plusieurs autres moyens avoient esté dissipez par les vens sans que l'on en aye eu aucune nouvelle.

Dieu vouloit qu'il n'y eût pas un endroit dans toutes ces contrées qui n'éprouvât la force des armes du Roy, j'ay parlé ailleurs de la Baye d'Hudson scituée au Nord de la Nouvelle France, elle a plus de 400. lieuës d'étenduë en tout sens. L'on compte du moins huit cens lieuës de Quebec à cette Baye

Baye, & la navigation n'en est pas aisée à cause des Brumes presque continuelles qui y regnent, & des glaces qu'il faut traverser l'espace de 400 lieuës, elles y sont prodigieuses, & plus hautes que les tours de Nostre-Dame, escarpées comme des rochers, enfoncées dans la Mer, de sorte que l'on ne doit pas s'étonner quand les Navigateurs nous disent que sur ces bancs de glace ils y ont posé des forges pour reforger des Ancres & toutes sortes de gros ferremens.

Depuis l'expedition que Monsieur le Marquis d'Enonville avoit fait faire dans cette Baye où les François s'estoient établis quelques années auparavant, il ne restoit plus aux Anglois que les Forts de Nelson, & de Neusavane, la Cour avoit ordonné de faire son possible pour les en chasser entierement, à le sieur de Bonnavanture Gentilhomme Canadien fils du sieur Denis Gentilhomme de Touraine, arrivé depuis peu de France à Quebec commandant un Navire de Messieurs de la Compagnie du Nord, armé en guerre, partit le 28. Juin avec un second Navire de la même Compagnie, commandé par le sieur le Moyne d'Iberville Gentilhomme Canadien pour la susdite execution.

Quelque diligence qu'ils eussent fait estant partis aussi-tost qu'on le peut pour naviger dans ces Mers glaciales, une petite flotte Angloise composée entr'autre de quatre gros Vaisseaux y estoit déja arrivée, l'avis que l'on eût en Angleterre que nous voulions y envoyer ayant obligé les Anglois de nous y primer.

Nos deux Vaisseaux arrivant à la veuë du Fort Nelson bâti sur un rocher escarpé, muni de dix-huit pieces de Canon, découvroient les ennemis qui estoient à l'Ancre. Cependant le sieur de Bonnaventure ne laissa pas de faire descente & d'embusquer de ses gens pour couper ceux qui sortiroient du Fort, mais comme pas un ne parût, il s'en retourna du côté de nos deux Vaisseaux où nous restâmes quelques jours à l'Ancre à la veuë de la flotte ennemie qui estoit sous le Canon du Fort pour l'inviter au combat & à se mettre plus au large. Mais n'ayant fait aucunes manœuvres pour appareiller, nos gens allerent du côté du Fort de Neusavane à vingt lieuës de là pour l'attaquer, mais la garnison sur le point de nostre approche fit sauter le Fort, brûla le reste, & avec tout ce qu'ils purent emporter d'effets, se retirerent au Fort Nelson par les bois. Nos François profiterent de ce qui resta, entr'autres de sept pieces de Canon.

Au sortir de là ils firent voile au fond du Golphe où sont nos établissemens pour ravitailler les Forts & la Colonie, & y décharger les marchandises de traite. Le sieur d'Iberville prit le party d'hyverner là pour quelque expedition, & le sieur de Bonnavanture ayant ordre de retourner à Quebec, chargea dans son Vaisseau les pelleteries de Messieurs les Negocians.

Il estoit arrivé à une lieuë de l'Isle aux Coudres à quinze lieuës de Quebec, lors qu'il eût avis que la flotte Angloise estoit devant ladite Ville avec 34. voiles la partie n'estant égale. Il resolut de faire route en France où il est arrivé depuis heureusement ; mais avant son départ il dépêcha un Canot pour le Sud pour donner avis de tout & rendre compte à Monsieur de Frontenac de son expedition du Nord, le Canot arriva à Quebec le 25. d'Octobre aprés la levée du siege.

Le 27. un Canot avec trois hommes venant de la Baye saint Paul apporta à Monsieur le Gouverneur une fort heureuse nouvelle. Comme l'on n'avoit reçeu cette année que deux Vaisseaux de France, quoyqu'il en fût parti treize tant de la Rochelle que de Bordeaux. Le Canada manquoit de provisions & de marchandises; ces trois hommes donnerent avis que de tous ces Vaisseaux quelques-uns avoient relâché en France, d'autres aux Isles de Terre Neufve pour estre à Quebec au premier Printemps; & qu'enfin les trois qui estoient chargez des munitions de guerre & de bouche, & de sommes considerables pour les frais de la guerre, ayant esté avertis à quinze lieuës de Quebec que la flotte Angloise estoit devant la Ville estoit entré dans la riviere de Saguenay pour s'y cacher jusques à ce que les ennemis se fussent retirez. Enfin un second Canot arriva le 10. Novembre pour avertir que ces trois Navires estoient en chemin, ce

Canot fût suivi d'une chaloupe qui amenoit la plufpart des paſſagers, & peu de jours aprés à ſçavoir le 14. les trois Vaiſſeaux moüillerent à la rade.

L'on doit reconnoiſtre que tous ces heureux ſuccez ſont deus à une protection viſible de Dieu ſur la Nouvelle France, & que ſans parler de toutes les autres expeditions où la main du Seigneur a paru ſenſible: le païs eſtant attaqué par le haut du Fleuve & en même temps par le bas n'auroit pû y ſoûtenir, mais par un coup du Ciel l'armée d'en haut s'eſtoit diſſipée par les maladies & par la diviſion, en ſorte que les Sauvages alliez des Anglois avoient pillé ceux de la même troupe, mais quoyque cette armée de terre ſe fût ainſi detruite, ſi la flotte Angloiſe n'eut pas eſté arestée durant quinze jours à 20. lieuës de Quebec par les vens contraires, elle auroit paru devant la Ville & l'auroit surprise infailliblement durant l'absence de Monsieur de Frontenac, & avant que luy & les troupes d'en haut fussent arrivez de Mont-Real, & ensuite une partie des Navires qui venoient de France richement chargez, seroient tombez entre les mains de l'ennemi.

Monseigneur de Saint Vallier Evesque de Quebec qui estoit alors dans la Place, penetré des obligations que le païs avoit à Dieu de tous ces avantages, ordonna les Prieres publiques en action de graces, le grand Pavillon de l'Amiral Anglois & un autre que le sieur de Port Neuf avoit pris à l'Acadie, furent portez à l'Eglise l'Eglise au son des Tambours, le *Te Deum* y fût chanté, & l'on fit ensuite une Procession solemnelle en l'honneur de la Sainte Vierge Patrone du païs, toutes les troupes estant sous les armes ; une Feste fût instituée à perpetuité sous le titre de Nostre-Dame des Victoires, & l'Eglise commencée à la basse Ville voüée sous le même nom pour une marque de la protection du Ciel. Suivirent toutes les autres réjoüissances publiques, & particulierement les feux de joye, & les décharges de Canon, & de la Mousqueterie, & on n'oublia pas de faire tirer les pieces que l'on avoit gagnées sur les ennemis. Les jours suivans on réïtera les mêmes réjoüissances & Prieres publiques pour remercier Dieu des grandes victoires que l'on apprit que Sa Majesté avoit remporté en Europe par Mer & par Terre, le Canada se trouvant heureux de ce que malgré sa misere, il avoit tâché de faire connoistre à l'autre extremité de la terre la gloire de son Auguste Monarque, & ajoûter quelque chose aux triomphes de LOUIS LE GRAND.

FIN.

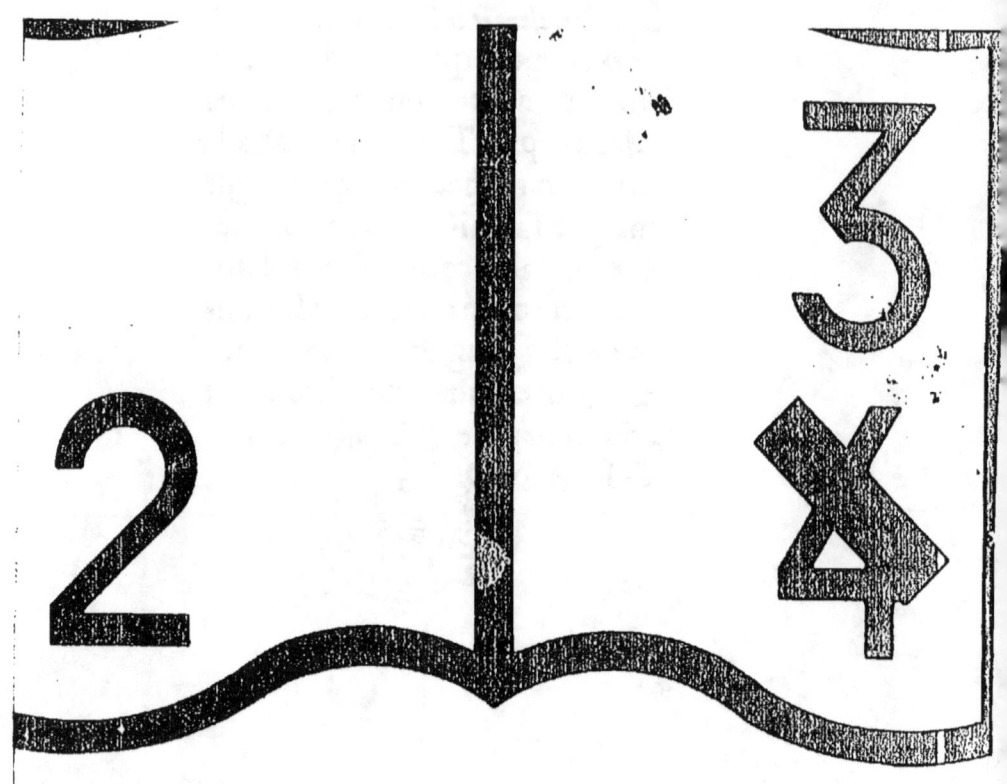
Pagination incorrecte — date incorrecte

www.ingramcontent.com/pod-product-compliance
Lightning Source LLC
Chambersburg PA
CBHW070544230426
43665CB00014B/1811